우리 아이 **빵빵** 시리즈 10

바로 알고, 바로 쓰는
빵빵한 어린이 한국위인 1

전근대편

글·이건홍 ㅣ 그림·박빛나

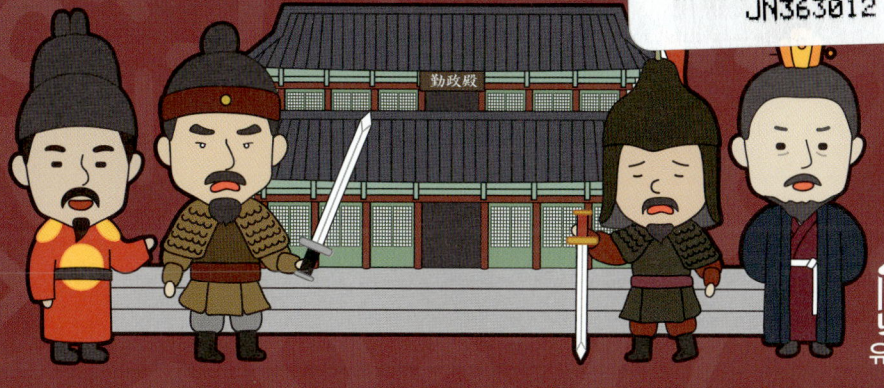

U&B 유앤북

**바로 알고, 바로 쓰는
빵빵한
어린이
한국위인 1
전근대편**

초판 1쇄 인쇄 ｜ 2023년 11월 7일
초판 2쇄 발행 ｜ 2024년 1월 8일

글　　 ｜ 이건홍
그　림　 ｜ 박빛나
펴낸이　 ｜ 안대준
펴낸곳　 ｜ 유앤북
등　록　 ｜ 제 2022-000002호
주　소　 ｜ 서울시 중구 필동로 8길 61-16, 4층
전　화　 ｜ 02-2274-5446
팩　스　 ｜ 0504-086-2795

ISBN 979-11-984882-0-6 74700
ISBN 979-11-977525-0-6 (세트)

※ 이 책의 저작권은 〈유앤북〉에 있습니다. 저작권법에 의해 보호를 받는 저작물이므로
　 무단 전제와 복제를 금합니다.
※ 잘못된 책은 〈유앤북〉에서 바꾸어 드립니다.
※ 여러분의 소중한 원고를 기다립니다. you_book@naver.com

바로 알고, 바로 쓰는

빵빵한 어린이 한국위인 1
전근대편

글·이건홍 ǀ 그림·박빛나

유앤북

머리말

「빵빵한 어린이 한국 위인1 - 전근대편」

어린이 여러분, 우리나라는 참 오랜 역사를 가지고 있는 나라인 것은 알고 있죠? 최초의 국가인 고조선부터 현재의 대한민국까지 많은 나라들이 흥망성쇠를 거듭하면서 역사를 이어 왔어요.

때로는 주변 민족들의 침입도 받았지만, 위기를 잘 이겨내면서 오히려 우리 문화를 주변에 전파하기도 하였지요. 그 속에서도 우리는 참 훌륭한 문화를 꽃피웠어요.

이러한 자랑스러운 우리의 오천년 역사 속에는 역사를 지켜온 기억할 만한 위인과 인물들이 참 많아요.

그 가운데 150명의 역사적 위인들을 찾아서 그들의 자랑스러운 활동과 업적을 살펴 보고자 했어요.

여러 위인들의 활동을 통해 우리나라 역사의 생생한 모습을 느끼고 교훈과 지혜를 갖게 될 거예요.

한편 역사 인물의 활동을 통해 나라를 생각하는 마음도 갖게 되고 역사를 바라보는 안목도 키울 수 있어요. 그리고 해당 인물이 관여된 역사적 사건들을 파악하면서 역사 공부도 잘할 수 있게 될 것으로 기대합니다.

특히 이 책은 인물들의 주요 활동을 만화 형식으로 꾸몄기 때문에 어린이 여러분들이 읽어 나가기에 쉽고 재미가 있어요.

우선 1권에서는 고조선을 세운 단군부터 개항 시기의 흥선대원군까지 살펴보고, 근현대 역사 속 인물들은 2권에서 살펴보도록 하겠습니다. 특히 2권은 일제 강점기에 나라의 독립을 위해 애쓰신 분들의 활동을 중심으로 엮었어요.

여러분들은 앞으로 나라를 지키고 역사를 가꾸어갈 미래의 기둥입니다.

이 책을 통해 알게 된 여러 위인들의 삶을 통해 그들의 용기와 지혜를 본받아 더욱 밝은 미래를 열어 나가기를 기대합니다.

감사합니다.

이 건 홍

- **시대 구분 : 전근대와 근현대**

한국사에서 시대를 가장 크게 구분할 때 전근대와 근현대라는 용어를 사용합니다. 전근대 역사는 고조선, 삼국, 발해와 통일 신라, 고려, 조선 시대를 말하며 근현대 역사는 보통 서양에 문호를 개방한 시기부터 지금 우리가 살고 있는 현대 시기까지를 말합니다.

※ 참고 : 이 책의 내용은 역사적 사실을 바탕으로 한 것이지만 만화에 등장하는 인물들의 복장은 당시의 복장과 일치하지 않는다는 것을 밝힙니다.

차례

1	단군왕검	8	29	의상대사	92	57	이이	176
2	금와왕	11	30	장보고	95	58	신사임당	179
3	주몽	14	31	김수로왕	98	59	임꺽정	182
4	을파소	17	32	우륵	101	60	한석봉	185
5	소수림왕	20	33	대조영	104	61	곽재우	188
6	광개토대왕	23	34	발해 선왕	107	62	이순신	191
7	장수왕	26	35	왕건	110	63	논개	194
8	도림	29	36	강감찬	113	64	권율	197
9	을지문덕	32	37	서희	116	65	박문수	200
10	온달과 평강공주	35	38	최충	119	66	허준	203
11	연개소문	38	39	의천	122	67	허난설헌	206
12	양만춘	41	40	김부식	125	68	허균	209
13	왕산악	44	41	지눌	128	69	광해군	212
14	온조	47	42	일연	131	70	최명길	215
15	근초고왕	50	43	문익점	134	71	삼학사	218
16	왕인	53	44	정몽주	137	72	안용복	221
17	무령왕	56	45	이종무	140	73	영조	224
18	성왕	59	46	최영	143	74	정조	227
19	의자왕	62	47	이성계	146	75	이익	230
20	계백	65	48	이방원	149	76	김홍도	233
21	흑치상지	68	49	정도전	152	77	박지원	236
22	박혁거세	71	50	신숙주	155	78	정약용	239
23	진흥왕	74	51	황희	158	79	김정희	242
24	관창	77	52	장영실	161	80	김정호	245
25	김춘추	80	53	세종대왕	164	81	김만덕	248
26	김유신	83	54	김시습	167	82	홍경래	251
27	문무왕	86	55	조광조	170	83	전봉준	254
28	원효대사	89	56	이황	173	84	흥선대원군	257

※ 역대 왕의 계보 … 260

바로 알고, 바로 쓰는

빵빵한 어린이 한국위인 1

전근대편

01 단군왕검

여인으로 변한 곰이 단군왕검을 낳았다고?

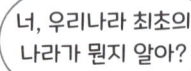
너, 우리나라 최초의 나라가 뭔지 알아?

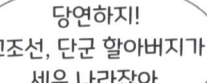
당연하지! 고조선, 단군 할아버지가 세운 나라잖아.

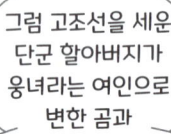
그럼 고조선을 세운 단군 할아버지가 웅녀라는 여인으로 변한 곰과 하늘에서 내려온 환웅이 결혼해서 낳았다는 얘기 들어 봤어?

곰이 어떻게 사람으로 변할 수가 있어요?

진짜 그랬다는 게 아니라, 곰을 섬기는 부족과 환웅 부족이 합쳐서 새로운 나라를 세웠다는 것을 재미있게 이야기한 거야.

아, 그렇구나, 그러면 단군 할아버지는 새로운 나라의 첫 번째 왕이 되었다는 말이겠네요?

그렇지, 그리고 단군 할아버지가 아니고 진짜 이름은 단군왕검이라고 해.

자세히 알려주세요, 아빠!

02 금와왕
노란 개구리 모양의 아이

"아빠, 부여를 세운 사람은 누구예요?"

"나 알아, 해모수!"

"맞아. 해모수에게는 해부루라는 아들이 있었지. 해부루의 아들이 금와이지!"

"그리고 금와는 고구려의 시조인 주몽을 자기 자식들과 함께 키운 사람이야."

"아, 그러면 고구려도 결국은 부여에서 시작된 거네요."

"그러니까, 금와가 주몽의 아빠예요?"

"아니, 그건 아니야. 주몽에 대한 얘기는 다음에 자세히 얘기하고, 이번엔 금와왕의 탄생에 대해 얘기해줄게."

"좋아요!"

더 알아볼까요?

1. (북)부여를 세운 임금은? ....
2. (동)부여의 왕으로 주몽을 아들처럼 키운 사람은? ....

정답 ① 해부루 ② 금와왕

노란 개구리 모양의 아이 - **금와왕**

03 주몽
백발백중, 활을 잘 쏘아서 얻은 이름

아빠, 주몽이 금와의 아들이 아니면 누구 아들인 거예요?

해부루의 아버지인 해모수와 유화의 사이에서 난 아들이지.

주몽은 알에서 나지 않았어요?

누나, 사람이 어떻게 알에서 나와. 그런 것도 안 배웠어?

하하. 마리 말이 맞아. 어린아이가 알의 껍질을 깨고 나왔는데, 골격과 겉모습이 영특하고 기이했어.

훗, 내 말이 맞지?

주몽 이름은 왜 주몽이에요?

당시엔 활을 잘 쏘는 사람을 주몽이라고 했는데 어릴 때부터 활을 잘 쏘아서 주몽이 되었지.

더 얘기해 주세요!

백발백중, 활을 잘 쏘아서 얻은 이름 - 주몽

더 알아볼까요?

1. 알에서 태어나 고구려를 세운 사람은? ....
2. 고구려 시조인 주몽의 어머니는? ....

정답 : ① 주몽 ② 유화

04 을파소
백성이 있어야 나라가 있다

"지금 먹고 있는 이 맛있는 밥의 쌀과 보리는 어떻게 기르는 거예요?"

"쌀은 봄에 씨앗을 뿌리고 기다렸다가 가을에 거두어들이지."

"그럼 보리도요?"

"아니야, 보리는 가을에 씨를 뿌렸다가 봄이 되면 수확해."

"아, 그럼 여름이 다가올수록 먹을 곡식이 부족해지겠네요."

"그렇지, 옛날에 가난한 백성들은 곡식이 떨어지면 부자에게 빌리기도 했는데 이것을 갚지 못하면 노비가 되기도 했어."

"너무해! 나라에서 가난한 백성을 도와주는 법이 없어요?"

"물론 있었지! 그래서 고구려에서는 진대법이라는 것을 실시했어."

"진대법이요?"

백성이 있어야 나라가 있다 - 을파소

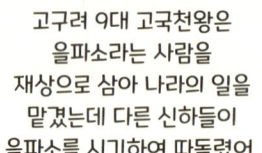

더 알아볼까요?

1. 고구려에서 가난한 백성을 구제하기 위해 실시한 법은? ....
2. 을파소를 등용하여 재상으로 삼고 나라 일을 맡긴 왕은? ....

정답 ① : 진대법 정답 ② : 고국천왕

백성이 있어야 나라가 있다 - 을파소

05 소수림왕
고구려의 기둥을 세운 왕

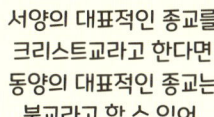

● 더 알아볼까요?

1. 처음으로 불교를 나라의 종교로 인정한 고구려의 왕은? ....
2. 고구려에서 유학을 가르쳐 나라의 인재를 키우고자 했던 최고 교육기관은? ......

06 광개토대왕
위대한 정복왕

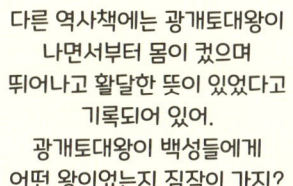

"호태왕 만세!" "호태왕 만세!"

다른 역사책에는 광개토대왕이 나면서부터 몸이 컸으며 뛰어나고 활달한 뜻이 있었다고 기록되어 있어. 광개토대왕이 백성들에게 어떤 왕이었는지 짐작이 가지?

"하늘이 위대한 정복왕을 시기했나 봅니다."

"조금만 더 오래 사셨더라면 만주 너머의 땅까지 차지할 수 있었을지도 모릅니다."

하지만 안타깝게도 광개토대왕은 39세에 세상을 떠나고 말았지.

"아버지의 위대한 업적을 기록하기 위해 비석을 세워야겠다."

아들 장수왕이 고구려의 정복왕 광개토대왕을 위한 비석을 세웠어. 높이가 무려 6미터가 넘는 큰 돌에 글자만 1,755자나 새겨 만들었어. 그의 업적에 걸맞는 비석이라고 할 수 있지.

더 알아볼까요?

1. 호태왕이라고도 불리는 고구려 19대 임금은? ....
2. 왜가 침입하자 광개토대왕이 군사를 보내 도와준 나라는? ....

정답 ① 광개토대왕 ② 신라

위대한 정복왕 – 광개토대왕

07 장수왕

고구려 전성기를 열다

한성을 점령했으니 웅진을 수도로 삼은 백제를 더욱 압박할 것이다!

이 때문에 백제는 수도를 웅진으로 옮겨갔지. 지금의 충청도 공주야.

장수왕은 거의 80년 동안이나 왕을 지내면서 고구려의 전성기를 만들어 갔어. 고구려 시기에 가장 많은 영토를 확보한 왕이라고 할 수 있지.

와, 이게 다 고구려 땅이라고?

장수왕 때 중국이나 북아시아의 여러 세력들과 외교를 통해 안정을 이루었고, 고구려는 오랫동안 평화를 유지할 수 있었어.

정말 평화롭다.

장수왕께서 다스리는 고구려는 참 살기 좋은 나라야.

더 알아볼까요?

1. '남진정책'을 펼쳐 백제 한성을 함락시킨 고구려 왕은? ....
2. 광개토대왕릉비를 세운 고구려 왕은? ....

① 정답 : 장수왕 ② 정답 : 장수왕

08 도림

장수왕이 보낸 첩자, 승려 도림

너는 죄인인 척 백제로 들어가 첩자가 되거라.

예. 어명 받들겠습니다.

장수왕이 백제를 침공하기 전에 미리 첩자를 보냈어. 바로 도림이라는 승려인데, 거짓으로 죄를 짓고 쫓기는 신세로 위장하여 백제로 몰래 들어갔어.

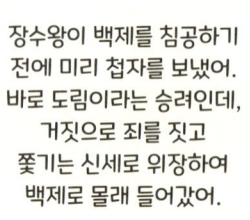

왕이시여. 도망자인 저를 받아주셔서 감사합니다.

그건 그렇고, 자네가 바둑을 그렇게 잘 둔다지?

당시 백제 개로왕은 바둑과 장기를 몹시 좋아해서 적수가 없을 정도였어. 장수왕은 이 사실을 알고 바둑 고수인 승려 도림을 백제로 밀파한 거야.

말도 안 돼! 내가 바둑으로 도림에게 두 번이나 지다니! 한 번만 더 두게나.

그러시지요.

도림은 개로왕의 마음을 얻기 위해 3번째 대국에서 일부러 져 주었어. 개로왕은 궁 안에다 도림의 거처까지 만들어 틈만 나면 바둑을 두었어.

권세를 잡게 된 도림은 백제를 무너트리기 위해 왕에게 잘못된 조언을 하기 시작했어.

"왕궁을 크게 새로 짓고 성곽을 수리하셔야 합니다."

"또 선왕들의 무덤도 확장하고 보수해야 왕실의 권위가 세워질 것입니다."

"네 말이 옳도다."

"농사도 지어야 하는데 매일 같이 공사만 하고 있으니 올 겨울은 어떻게 버텨야 하나."

"왕께서 너무하시네. 백성들을 살핀다면 이럴 수는 없네."

공사에 백성들을 강제로 동원하자 백성들의 사기는 크게 떨어지고 왕을 향한 원성이 높아갔지.

이때 장수왕이 백제를 공격하여 불과 일주일 만에 한성을 점령하고 개로왕은 죽고 말았어.

"도림, 내가 너의 얕은 수에 빠졌구나...!"

더 알아볼까요?

1. 장수왕이 백제를 혼란에 빠트리기 위해 보낸 첩자는? ....
2. 승려 도림의 꾀에 빠져 나라 재정을 어렵게 한 백제 임금은? ....

정답 ① : 도림   정답 ② : 개로왕

장수왕이 보낸 첩자, 승려 도림 - **도림**

09 을지문덕
살수대첩의 영웅

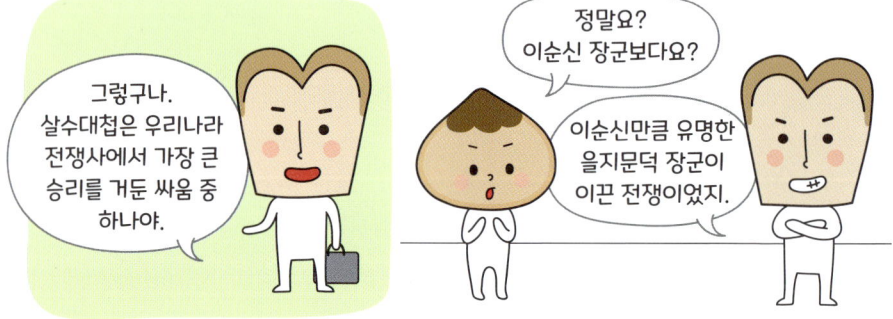

더 알아볼까요?

1. 을지문덕이 수나라 군대를 상대로 크게 승리를 거둔 싸움은? ....
2. 별동대를 이끌고 평양성까지 침략한 수나라 장수는? ....

더 알아볼까요?

1. 온달과 결혼한 평원왕의 딸은? ....
2. 온달이 신라와 싸우다 죽은 전쟁터는? ....

정답 ① : 평강공주   정답 ② : 아차성

신분을 뛰어넘은 사랑 - 온달과 평강공주

11 연개소문
당나라의 침략을 물리치다

한편, 연개소문은 당나라가 침략해 오자 군대를 이끌고 용감하게 싸워 막아 내고 고구려를 지켰어.

와아아!

당나라에게 고구려의 용맹함을 보여주리라!

너희 형제들은 싸우지 말고 물고기와 물의 관계처럼 사이좋게 지내라. 서로 자리를 차지하기 위해 다투면 반드시 이웃나라의 웃음거리가 될 것이다.

당나라 앞에서 당당하던 연개소문도 나이가 들었고, 죽기 전에 자식들에게 유언을 남겼어.

그러나 연개소문이 죽고 나서 작은 아들인 연남건이 후계자가 되자 큰아들 연남생은 당나라에 항복하고, 연개소문의 동생 연정토는 신라에 항복하였지. 결국에는 신라와 당나라가 연합해서 고구려는 멸망하고 말았어.

더 알아볼까요?

1. 연개소문이 중국의 침략을 막기 위해 쌓은 장성은? ....
2. 연개소문이 차지한 고구려의 최고 벼슬은? ....

① 정답 : 천리장성   ② 정답 : 대막리지

12 양만춘
안시성 싸움의 영웅

더 알아볼까요?

1. 대군을 이끌고 고구려 안시성을 침략한 당나라 왕은? ....
2. 안시성 백성을 이끌고 당나라 군대를 물리친 장군은? ....

안시성 싸움의 영웅 - **양만춘**

13 왕산악
심금을 울리는 거문고

우리나라 전통 악기 중에 여섯 줄로 된 현악기는 뭘까요?

음... 해금이요!

땡! 틀렸어요. 힌트 하나 더 줄게요.

심금을 울린다는 말이 있죠? 바로 이 악기와 관련이 있어요.

고구려 왕산악이 중국 악기를 고쳐서 만든 거죠.

선생님, 너무 어려워요.

알았다! 가야금이요!

이런, 어쩌지. 정답은 거문고입니다!

아무도 못 맞혔네.

심금을 울리는 거문고 - 왕산악

14 온조
백제를 세우다

"그 드라마에서 회장님 아들이 당연히 회사를 물려받을 줄 알았는데, 갑자기 다른 아들이 나타나서 회사를 물려받았지 뭐야."

"와, 그래서?"

"그 얘기 주몽과 아들들의 이야기랑 비슷하구나."

"선생님, 그게 무슨 말씀이세요?"

"주몽의 아들인 온조와 비류도 아버지를 이어 고구려 왕이 될 줄 알았는데 갑자기 유리라는 다른 아들이 나타났거든."

"알고 보니 주몽이 부여에서 내려올 때 남겨 놓고 온 아들이 유리였어."

"정말 드라마 같다!"

"그럼 온조와 비류는요?"

"남쪽으로 내려가 백제를 세우게 됐지."

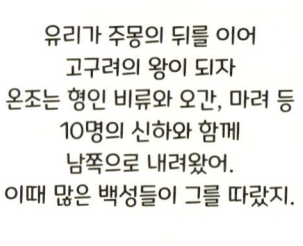

유리가 주몽의 뒤를 이어 고구려의 왕이 되자 온조는 형인 비류와 오간, 마려 등 10명의 신하와 함께 남쪽으로 내려왔어. 이때 많은 백성들이 그를 따랐지.

처음 터전을 잡을 때 10명의 신하들은 지금의 서울인 하남 위례성을 도읍으로 삼자고 했어. 하지만 비류의 생각은 달랐지.

지형을 내려다 보니 위례성보다 바닷가 쪽 미추홀이 훨씬 살기가 좋아보이는구나.

형님! 그곳은 농사를 짓기 적절한 땅이 아니옵니다.

듣기 싫다! 내 세력을 데리고 미추홀로 떠날 것이다.

나는 그대들의 말을 듣겠노라.

10명의 신하가 도와 나라를 세웠으니 이 나라를 십제라 부르겠다.

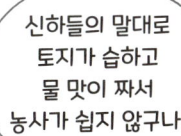

더 알아볼까요?

1. 고구려 주몽의 아들로 백제를 세운 왕은? ……………………
2. 백제가 처음에 자리를 잡아 세운 도읍지는? ………………………………

① 정답 : 온조 ② 정답 : 하남위례성

백제를 세우다 - 온조

15 근초고왕
중국과 일본으로 진출하다

삼국 가운데 중국까지 진출한 나라가 있었어요.

백제 근초고왕 때 중국 요서 지방과 산둥반도 지방을 점령한 기록이 있어요.

백제는 중국이랑 맞닿아 있지도 않은데 바다 건너 그 먼 곳에 백제 땅을 건설했어요?

중국이 분열되어 있을 때 백제가 잘 활용한 거죠.

근초고왕은 중국뿐 아니라 일본 규슈 지방까지 진출하기도 했죠.

우와, 일본까지요?

그때의 백제가 힘이 엄청 셌나 봐요.

고구려의 광개토대왕 같아요!

맞아요. 근초고왕에 대해 조금 더 얘기해 볼까요?

백제는 삼국 가운데 중국까지 진출한 나라예요. 백제 근초고왕 때 중국 요서 지방과 산둥반도 지방을 점령한 기록이 있어요.

저 넓은 대륙이 여러 나라로 나누어져 있으니 지금을 노려 요서 지방을 점령하라!

백제를 중심으로 해상왕국을 만들겠다!

근초고왕은 바다 건너 중국과 왜에까지 점령지를 두었어요.

근초고왕 때에는 왜 왕에게 칠지도라는 칼을 하사하기도 했는데 일본 기술로는 만들 수 없는 것이었죠. 이 칼은 현재 일본에서 국보로 여기고 있어요.

칠지도를 하사하노라.

감사합니다.

중국과 일본으로 진출하다 - 근초고왕

> **더 알아볼까요?**
>
> 1. 중국의 요서와 산둥반도, 일본 규슈 지방까지 진출한 백제 왕은? ……………
> 2. 근초고왕 때 왜왕에게 하사한 백제의 칼은? ………………………………………

정답 ① 근초고왕 ② 칠지도

16 왕인

일본인이 존경하는 백제인

백제 사람인데 일본 태자의 가정 교사를 한 사람이 있었어.

정말요? 일본이 배울 정도면 백제가 정말 좋은 나라였나 봐요.

그 사람이 누군데요?

'왕인'이라는 사람이야. 천자문과 논어를 가르쳤어.

그러니까 일본에 한자와 유학을 소개한 셈이지.

그럼 일본에서 엄청 유명하겠네요?

그래서 왕인은 일본 사람들이 가장 존경하는 고대 인물 가운데 한 사람이라고 해.

우리나라 역사책에는 보이지 않지만, 일본서기라는 역사책에 등장하고 있어.

우와! 더 얘기해주세요!

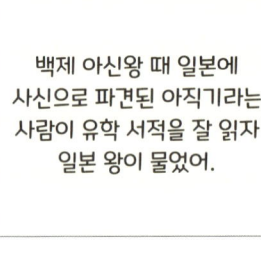

일본 기록에 의하면 왕인은 죽을 때까지 일본에 살면서 가르치는 관리의 첫 사례가 되어 '서수의 시조'로 추앙받았어.

왕인에게 학문을 가르치는 '서수' 관직을 내리겠다.

서수가 되었으니 학문뿐만 아니라 백제의 기술과 문화를 가르쳐야겠다.

학문 외에도 기술 공예나 일본 가요 분야에도 공헌하고 일본 황실의 스승으로 활동하면서 백제 문화를 전수하여 일본 사람들을 계몽하기도 하였지.

일본 오사카에는 왕인 박사의 무덤이 있는데 중요 문화재로 관리하고 있을 만큼 중요한 사람이었지.

더 알아볼까요?

1. 아직기가 일본 왕에게 추천하여 일본으로 건너간 백제 학자는? ....
2. 왕인이 일본에 건너갈 때 가지고 간 유학 경전은? ....

① 정답 : 왕인 ② 정답 : 논어

일본인이 존경하는 백제인 - 왕인

1971년 발견된
무령왕 무덤은 온 나라를
발칵 뒤집어 놓았어.
도굴을 당하거나
파헤쳐지지 않은 채
1천 5백년을 견딘 왕릉이었지.

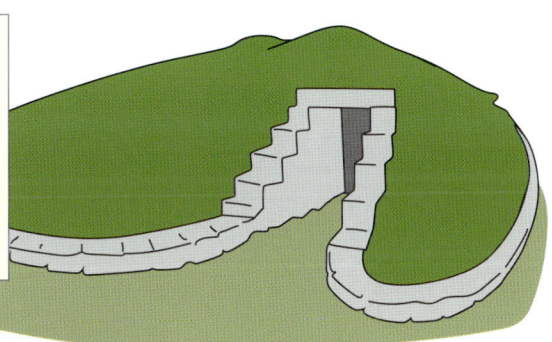

벽돌로 쌓은 아름다운 무덤 안에서
금관과 섬세한 예술품, 석판 등
무려 4,600여 점이나 쏟아져 나와
백제 예술의 아름다움을
재발견하게 된 거야.

특히 이 무덤은 주인공의 이름이
새겨진 지석이 함께 발굴되어
무덤 주인이 무령왕이라는 것을
알 수 있게 된 거지.
삼국시대 고분 중 무덤의 주인을
알 수 있는 유일한 왕릉이야.

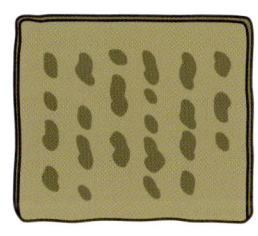

아름다운 벽돌 무덤의 주인공 - 무령왕

무령왕은 키가 8척이나 되고 얼굴은 그림같이 아름다웠으며 성품이 인자했다고 하지. 그런데 키가 8척이면 240cm야. 그건 좀 과장인 것 같지?

나는 무령왕, 이름은 사마라고 하지.

홍수가 나지 않게 제방을 쌓아라.

무령왕은 지배층뿐만 아니라 백성들을 안정시키는 정책을 펼치고 기근이 들어 백성들이 굶게 되면 나라의 창고를 풀기도 하고 홍수가 나지 않게 제방을 쌓으며 나라를 튼튼하게 했어.

무령왕릉을 통해 백제의 독창적인 문화와 이를 일본 등 주변 국가에 전하여 고대 동아시아 문화 번영에 기여한 점이 드러나게 됐지.

더 알아볼까요?

1. 무덤의 주인공을 알 수 있는 벽돌로 만들어진 백제의 왕릉은? ....
2. 무령왕릉이라는 것을 알 수 있게 했던 유물은? ....

정답 ① 무령왕릉 정답 ② 지석

18 성왕
백제의 중흥을 이끌다

"백제의 도읍은 웅진이잖아!"

"아냐, 백제 수도는 사비야!"

"둘 다 맞지. 성왕이 웅진에서 사비로 옮겼으니까."

"오잉? 성왕이 웅진에서 사비로 도읍지를 옮긴 이유가 뭐예요?"

"그건 웅진성이 방어에는 유리했는데 왕궁터로는 좀 좁았기 때문이야."

"그럼 사비성은 방어에도 유리하고 평야도 넓었어요?"

"맞아. 그리고 사비는 백마강을 통해 서해로 나가기에도 좋았지."

"아, 그러면 중국과의 왕래도 유리했겠네!"

"별이 똑똑하다!"

> **더 알아볼까요?**
>
> 1. 신라 진흥왕과 함께 고구려의 한강 유역을 회복한 백제 왕은? ....
> 2. 성왕이 사비성으로 도읍을 옮기고 나라 이름을 무엇이라고 바꾸었나? ....

백제의 중흥을 이끌다 - 성왕

19 의자왕
잘못 알려진 비운의 왕

그리고는 소정방과 신라 무열왕, 김유신에게 술을 따라 올리는 모욕을 당했지.

어서 술을 따르거라!

적들에게 술을 따라 예를 표하다니, 참으로 치욕스럽구나...!

나라가 망하자 의자왕은 왕자들과 많은 신하들과 함께 당나라 낙양으로 끌려갔어. 이때 백제 백성도 1만 2천명이 넘게 끌려갔다고 해.

당에 끌려간 의자왕은 나라를 빼앗겼다는 절망감 때문인지 안타깝게도 병이 들어 그곳에서 죽고 말았어.

나라를 빼앗긴 왕이 무엇이 떳떳하여 계속 살아간단 말인가... 부끄러워 살아갈 이유가 없구나.

더 알아볼까요?

1. 해동증자로 불린 백제의 마지막 왕은? ....
2. 백제 멸망 후 의자왕이 신하와 함께 끌려간 곳은? ....

정답 ① 의자왕 ② 당나라 낙양

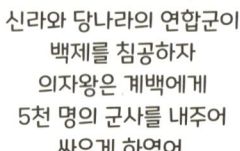

신라와 당나라의 연합군이 백제를 침공하자 의자왕은 계백에게 5천 명의 군사를 내주어 싸우게 하였어.

"신라와 당나라 대군을 상대하기 어렵다는 것을 알지만 장군만 믿겠소."

계백 장군은 싸움터로 나가기 전 자기 집에 들렀어. 그리고는 이렇게 말했지.

"당과 신라의 대군을 당하자니, 나라의 존망을 알 수 없다. 붙잡혀 노비가 될지도 모르니 살아서 치욕을 당하는 것보다 차라리 내 손에 죽는 것이 낫겠다."

자기가 직접 아내와 자식을 죽인 거야. 결코 살아서 돌아오지 않으리라는 결연한 의지를 보여 주는 장면이라고 할 수 있겠지.

더 알아볼까요?

1. 결사대를 이끌고 신라 김유신 장군의 군대를 맞아 싸운 백제의 장군은? ……
2. 계백 장군이 신라 군대와 싸운 마지막 전쟁터는? ……………………………

자신의 손으로 가족을 죽이고 전쟁에 임하다 - 계백

21 흑치상지
백제 부흥군을 이끌다

요즘 세계적인 한류 열풍은 참 대단한 것 같아.

노래도 그렇고 드라마도 인기 많잖아.

삼국시대에도 중국에서 활동한 우리나라 사람이 많이 있었단 거 아니?

그 옛날 삼국시대에요?

그럼, 고구려의 고선지, 신라의 최치원 등등 활발하게 활동했지.

백제엔 없어요?

백제엔 흑치상지가 유명했어.

흑치... 그 사람이 누구예요?

백제 부흥군을 이끌었던 사람인데 백제 멸망 후 당에 가서 장군이 되었지.

장군! 당나라 군대에게 주류성과 임존성이 차례로 함락되었습니다.

흑치상지는 항복하라!

백제군 내부의 분열만 아니었어도…!

그런데 놀라운 반전이 일어났어. 흑치상지는 백제의 왕족들과 함께 당으로 끌려갔는데 후일 흑치상지가 당의 군대를 이끄는 장수가 되어 여러 전쟁에서 많은 공을 세운 거야.

그대의 능력을 높이 사 당나라 장수로 임명하겠노라.

성은이 망극하옵니다!

흑치상지 장군은 대단한 분이에요.

멸망한 백제의 장군이 당나라 장군이 된 것은 정말 놀라운 일이지.

더 알아볼까요?

1. 백제의 장수인데 중국 당나라로 들어가 당 군대를 이끈 장수가 된 사람은? .
2. 흑치상지가 백제 부흥군을 이끌고 나당 연합군에 저항한 곳은? ……………

① 정답 : 흑치상지 ② 정답 : 임존성

바로 알고, 바로 쓰는 빵빵한 어린이 한국 위인 1 -전근대편

22 박혁거세
신라를 세우다

아니 여기에 웬 알이...

알을 깨서 뭐가 들었는지 보세.

알 속에는 건강한 사내 아이가 들어있었어. 촌장들이 아이를 씻고 닦아주었는데, 아이의 몸에서 광채가 났고 그리고 아기 주변으로 새와 짐승들이 몰려와 춤을 추었다고 해.

하늘이 우리에게 임금을 보내준 것이 틀림없소. 이 아이를 임금으로 삼읍시다.

이 아이의 성은 '박'으로 하고, 이름은 빛으로 세상을 다스린다는 뜻을 담아 '혁거세'라고 합시다.

이 아이가 자라서 신라의 첫 번째 왕이 되었지.

더 알아볼까요?

1. 신라가 나라를 세우기 전에 국가의 중요한 일은 누가 결정했나요? ....
2. 흰 말이 하늘로 올라간 자리에 있던 알에서 태어난 신라의 시조는? ....

신라를 세우다 - **박혁거세**

23 진흥왕
화랑도를 국가 조직으로 개편하다

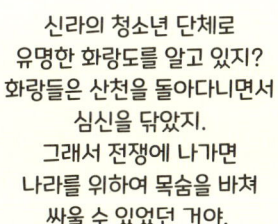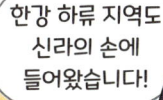

더 알아볼까요?

1. 화랑도를 국가 조직으로 개편한 왕은? ....
2. 진흥왕이 자기가 차지한 땅에 표시를 위해 세운 비는? ....

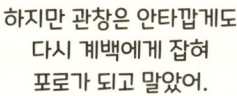

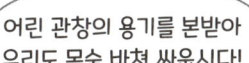

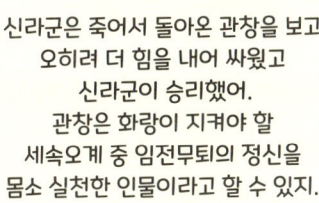

더 알아볼까요?

1. 화랑도가 지켜야 할 다섯 가지 계율을 뜻하는 말은? ································
2. 황산벌 전투에서 계백에게 두 번이나 붙잡혀 결국 죽임을 당한 신라 장수는? ······

정답 ① : 세속오계   정답 ② : 관창

화랑도의 정신을 드높이다 - 관창

25 김춘추
최초의 진골 출신 왕

더 알아볼까요?

1. 신라 왕 가운데 진골 출신으로 최초로 왕이 된 사람은? ....
2. 태종 무열왕이 군사 동맹을 맺은 나라는? ....

26 김유신
신라의 영원한 장군

김유신은 김춘추와 아주 각별한 사이야. 김유신의 누이 문희가 김춘추와 결혼하여 후일 문무왕과 김인문 등을 낳은 문명황후가 되고 김유신은 무열왕의 셋째 딸과 결혼했지.

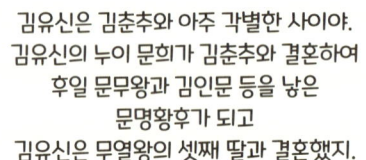

"신라를 위해 노력하겠습니다."

"자네만 믿겠네."

김춘추의 뛰어난 정치적 수완과 김유신의 군사력이 결합되어 삼국 통일의 위업을 달성하게 됐어.

김유신은 스스로에게 매우 엄격한 것으로도 유명해. 젊은 시절 김유신은 천관이라는 기생을 좋아했던 적이 있었지.

"장군님, 한 입 드세요."

"아!"

더 알아볼까요?

1. 태종 무열왕에게 자기 누이를 소개해 결혼하게 한 인물은? ....
2. 김춘추와 결혼해 문무왕과 김인문을 낳은 왕비는? ....

신라의 영원한 장군 - 김유신

문무왕은 삼국 통일 후 지방통치제도와 군사제도의 기틀을 마련하는 등 국가 체제 기초를 다졌어.

신라가 안정되고 이제 나도 나이가 많이 들었군. 내가 죽으면 바다에 장사 지내주게.

폐하, 어찌 바다에 장사 지낼 수 있겠습니까?

또한 부처님이 왜구로부터 나라를 지켜주시길 바라며 동해안에 절을 하나 짓고자 하오.

걱정 마시오. 죽어서도 바다의 용이 되어 내 나라를 지키겠소.

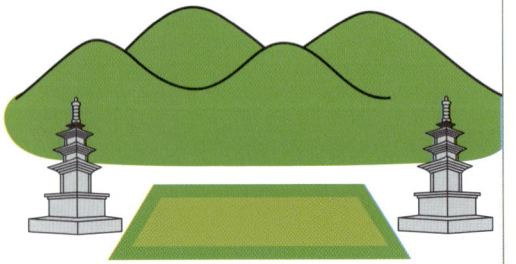

아버지의 뜻을 받들어 신문왕이 감은사라는 절을 지었어. 감은사는 아버지의 '은'혜에 '감'사한다는 뜻이야. 그리고 감은사와 가까운 동해에 수중 왕릉을 만들었는데, 그 무덤을 대왕암이라고 해.

더 알아볼까요?

1. 매소성과 기벌포에서 당을 물리치고 삼국 통일을 완성한 왕은? ....
2. 죽어서 바다의 용이 되겠다는 유언을 남긴 신라의 왕은? .

① 문무왕 : 답정 ② 문무왕 : 답정

28 원효대사
대중 불교를 열다

더 알아볼까요?

1. 원효가 부처의 가르침을 대중들이 쉽게 이해할 수 있도록 지어 부른 노래는? ....
2. 의상과 함께 대중 불교 발달에 크게 이바지한 신라의 스님은? ....

① 원효 : 무애가 ② 원효 : 원효

대중 불교를 열다 – 원효대사

29 의상대사

해동 화엄종의 창시자

더 알아볼까요?

1. 당 유학을 마치고 돌아와 화엄사상을 널리 전파한 스님은? ....
2. 의상이 영주에 창건하여 많은 제자를 키워낸 사찰은? ....

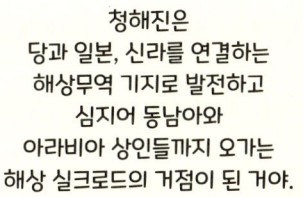

청해진은 당과 일본, 신라를 연결하는 해상무역 기지로 발전하고 심지어 동남아와 아라비아 상인들까지 오가는 해상 실크로드의 거점이 된 거야.

청해진의 세력이 커지니 더 이상 지켜볼 수만은 없다. 그의 부하였던 염장을 보내 몰래 그를 없애버려야겠어.

잘 가십시오!

윽, 염장...! 어찌 자네가...!

푹

청해진의 주민을 벽골군으로 이주시키고 청해진을 없애버려라!

장보고가 염장에게 암살당하고 10년 후 청해진이 폐쇄되면서 동아시아 해상의 패권은 중국 상인들과 아라비아 상인들에게 넘어가고 말았지.

더 알아볼까요?

1. 장보고가 흥덕왕의 도움으로 건설한 해상 기지는? ....
2. 당을 오가는 신라 사람들을 돕기 위해 장보고가 산둥반도에 세운 사찰은? ..

정답 ① 청해진 ② 법화원

바다 무역을 장악한 해상왕 - 장보고

31 김수로왕
가락국을 세우다

아기들은 10여 일이 지나자 얼굴은 용처럼 변했고, 키가 아홉 자나 되었지.

벌써 이렇게 자라다니. 정말 이들은 하늘이 내려주신 대왕이 틀림없소.

첫 번째로 세상에 태어난 아이의 이름을 수로라고 짓고 이 땅을 다스리게 합시다.

이 나라를 가야(가락국)라고 부르고 나머지 아이들도 다섯 가야국을 다스리는 임금으로 세웁시다.

좋습니다.

이 나라가 바로 금관가야인 거야. 후일 수로왕은 아유타국의 공주 허황옥을 맞이하여 왕비로 삼고 오랫동안 나라를 평화롭게 다스렸지.

더 알아볼까요?

1. 구지봉에서 발견된 황금 알에서 가장 먼저 태어난 사람은? ....
2. 수로왕이 왕비로 맞은 허황옥이 온 나라는? ....

정답 ① : 수로왕 정답 ② : 아유타국

33 대조영
발해를 세우다

"만주에 성을 쌓고 도읍을 정해 발해를 세웁시다."

끄덕

대조영의 뛰어난 무예와 지략으로 발해는 동부 만주 일대 쪽으로 계속해서 세력을 확대했어.

발해 왕들은 일본과 교류를 할 때도 스스로를 고구려 왕이라고 했어. 고구려의 후예라는 사실을 잊지 않은 거지.

"우리는 누가 뭐래도 고구려의 후손이오."

발해를 세운 왕의 시호는 '고구려의 왕'이라는 뜻의 '고왕'이시지.

오늘날 발해 유적은 러시아 땅인 아무르강 동남쪽에 수없이 널려 있고 발해 왕궁터도 남아 있지만 제대로 발굴되거나 보존되지 않고 버려진 채로 있는 것이 너무 안타까워. 언젠가 발해의 역사를 우리 역사로 당당하게 주장할 수 있는 날이 오겠지.

더 알아볼까요?

1. 고구려 유민을 데리고 발해를 세운 사람은? ....
2. 발해를 우리나라 역사로 처음 주장한 조선의 학자는? ....

① 정답: 대조영 ② 정답: 유득공

34 발해 선왕
발해의 최전성기

"그리야, 왜 그렇게 화가 났어?"

"아빠랑 놀이터에서 땅따먹기 하면서 놀았는데 제가 졌어요."

"하하하. 아빠가 땅따먹기 놀이를 얼마나 잘하는데!"

"내가 제일 넓은 땅을 가질 수 있었는데!"

"아무래도 날 속인 것 같아!"

벌떡

"무슨 소리! 아주 정정당당하게 이긴 거라고."

"아빠, 그리를 상대로 그만 좀 하세요."

"그럼 그리 기분 풀리게 재밌는 얘기 해줄까?"

"우리나라 역사상 가장 넓은 영토를 가진 나라가 어딘 줄 아니?"

"음... 고구려 아니에요?"

"그럴 것 같지? 그런데 고구려가 아니고 발해란다."

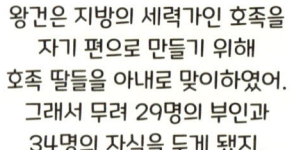

왕건은 지방의 세력가인 호족을 자기 편으로 만들기 위해 호족 딸들을 아내로 맞이하였어. 그래서 무려 29명의 부인과 34명의 자식을 두게 됐지.

따님과 결혼했으니 장인어른을 지방의 장관으로 세우겠습니다.

허허. 좋습니다.

이제 지방 호족들은 왕께 충성을 맹세한 것이나 다름없습니다.

이제 나라를 잘 다스리는 일에 힘써야겠군.

후대의 임금들이 나라를 잘 다스리도록 '훈요 10조'를 남겨야겠다.

또한 세금을 줄이고 가난한 백성을 도우며 억울하게 노비가 된 자들을 풀어주어라.

예, 폐하!

고려가 500년 가까이 유지될 수 있었던 것은 이처럼 왕건이 기초를 잘 닦았기 때문이야.

더 알아볼까요?

1. 고려를 건국하고 후삼국을 통일한 사람은? ....
2. 왕건이 후대 왕들이 나라를 잘 다스리도록 남긴 교훈은? ....

① 왕건 ② 훈요 10조

36 강감찬
고려를 지킨 영웅

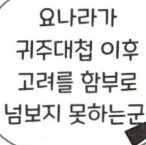

요나라가 귀주대첩 이후 고려를 함부로 넘보지 못하는군

강감찬 장군이 정말 대단한 일을 한거야.

귀주대첩으로 강감찬은 고구려의 을지문덕, 조선의 이순신과 함께 외적의 침입으로부터 나라를 구한 3대 영웅으로 꼽히고 있어.

그의 탄생에도 일화가 있어. 송나라 사신이 한양에 왔을 때 하늘에서 큰 별이 떨어졌대. 그곳으로 따라가 보니 강감찬 장군이 태어나 있던 거야.

별이 떨어지는구나! 저기로 가보자!

학문을 주관하는 별인 문곡성이 오래 보이지 않더니 여기 와서 있도다!

이 아이는 반드시 세상에 이름을 떨칠 아이입니다.

이 지역을 '별이 떨어진 곳'이라 하여 낙성대로 이름 지읍시다.

더 알아볼까요?

1. 강감찬 장군이 거란의 침략을 크게 물리친 전투는? ....
2. 강감찬 장군이 태어날 때 별이 떨어졌다고 해서 세워진 사당은? ....

정답 ① 귀주대첩 ② 낙성대

고려를 지킨 영웅 - 강감찬

37 서희
담판으로 거란을 물리치다

담판으로 거란을 물리치다 - 서희

> **더 알아볼까요?**
>
> 1. 고려 성종 때 10만 대군을 보내 고려를 침략한 나라는? ……………………
> 2. 거란의 1차 침입 때 싸우지 않고 외교 담판으로 거란을 물리친 사람은? ……

38 최충

동방의 해동공자

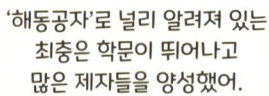

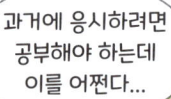

> 더 알아볼까요?
>
> 1. 고려 시대 중앙의 최고 교육기관은? ....
> 2. 고려 시대 9재 학당을 창시한 사람은? ....

정답 ① : 국자감   정답 ② : 최충

동방의 해동공자 - 최충

왕자가 스님이 되다

자, 지금부터 너는 내 하인이야.

왜 맨날 누나만 공주야! 나도 왕자님 하고 싶어.

맨날 그 소리네! 왕자님은 아빠처럼 멋있어야 할 수 있는 거야.

누나도 안 예쁜데 공주님 하잖아! 나도 왕자! 왕자님 시켜줘!

엄마, 그리 좀 봐요!

둘 다 귀엽긴. 너희들 왕자 중에 스님이 된 사람이 있는데 알고 있니?

오잉? 왕자님이 뭐가 아쉬워서 스님이 돼요?

고려는 불교 국가여서 그 시대엔 스님이 되는 게 자랑스러운 일이었단다.

정말요?

의천은 불교의 거의 모든 학파의 사상을 포함하고 있는 불교 서적을 집필하기도 했어. 거기엔 동아시아 불교에 대한 연구 성과가 담겨 있어 역사적 의미가 큰 책이지.

고려는 예의와 법도, 의복과 백관의 제도는 훌륭하나 유독 동전 제도는 제대로 되어있지 않습니다.

우리도 동전을 만들어 사용하는 것이 유익할 것입니다.

그리고 동전을 만들어 사용하자고 건의하기도 했어. 송나라 유학으로 인해 경제 흐름에도 밝았던 거지.

고려 불교에 크게 이바지한 의천은 후에 승려로서 최고직인 승통이 되었고 대각국사라는 시호를 받았어.

고려와 불교를 위해 이 한 몸 바치겠소.

더 알아볼까요?

1. 고려 임금 문종의 아들로 태어났으나 스님이 된 왕자는? ....
2. 의천이 창시한 불교 종파는? ....

① 의천 ② 천태종

> 더 알아볼까요?
>
> 1. 현재 남아 있는 우리나라 역사책 가운데 가장 오래된 것은? ....
> 2. 『삼국사기』를 편찬한 고려 시대의 학자는? ....

정답 ① 삼국사기   정답 ② 김부식

『삼국사기』를 편찬하다 - **김부식**

41 지눌
부처의 참뜻을 따르다

불교는 고려의 개국과 함께 국교로 지정되어 많은 후원을 받았고 이로 인해 스님들은 정치와 권력의 중심에 서 있었지.

이것이 정말 부처님을 따르는 자들의 모습인가... 진절머리가 나는구나. 국가 권력을 떠나 불교를 개혁해야겠다.

언제까지 뒷돈을 받아 호의호식하며 살겁니까! 우리도 스스로 일해야 합니다! 불경도 공부하고 직접 노동하며 고행을 몸소 실천하는 부처님의 제자가 됩시다!

지눌의 말을 들으니 부끄럽기 그지없도다...

언제부터 우리가 권력에 눈이 멀어 부처님의 가르침을 멀리했나...

정치, 권력을 과감히 버린 지눌은 포교에 힘쓰면서 함께 공부도 하고 노동도 하는 공동체인 수선사를 만들었어. 수선사를 중심으로 당시 불교계에 새바람이 일어났지.

더 알아볼까요?

1. 스님들이 경전을 공부하면서 노동도 중요하다고 주장한 고려의 스님은? ....
2. 지눌이 부처의 가르침을 깨닫는 방법으로 주장한 것은? ....

42 일연

『삼국유사』를 편찬하다

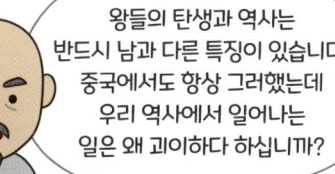

더 알아볼까요?

1. 삼국시대를 기록한 역사책으로 설화와 전설 등을 풍부하게 담은 것은? ....
2. 『삼국유사』라는 역사책을 남긴 사람은? ....

① 정답 : 삼국유사 ② 정답 : 일연

『삼국유사』를 편찬하다 - 일연

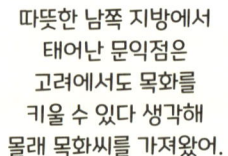

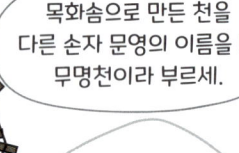

더 알아볼까요?

1. 무명 옷감을 만들 수 있는 원료가 되는 작물은? ……………………………
2. 고려 말 원에서 목화를 가져와 재배에 성공한 사람은? ……………………………

더 알아볼까요?

1. 이방원의 '하여가'에 '단심가'로 답한 고려말 학자는? ....
2. 이방원에 의해 선죽교에서 죽임을 당한 고려말 성리학자는? ....

성리학의 대가 - **정몽주**

쓰시마 원정으로 왜구를 토벌하다

쓰시마 원정으로 왜구를 토벌하다 - 이종무

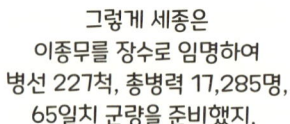
그렇게 세종은 이종무를 장수로 임명하여 병선 227척, 총병력 17,285명, 65일치 군량을 준비했지.

병력과 물자를 지원받았으니 왜구들을 모두 소탕하겠다!

대마도에 도착했습니다!

포구를 뒤져 왜구들의 배와 집을 모조리 불태워라!

도... 도망쳐라!

이종무는 왜구의 배 129척과 집 2천여 채를 불태웠지. 그리고 왜구 100여 명을 사살하고 중국 포로 130여 명을 구해 내기도 했어. 노략질을 일삼던 왜구에게 큰 타격을 안긴 거야.

대마도 정벌을 성공리에 마치고 돌아온 이종무에게 큰 상을 내리노라!

더 알아볼까요?

1. 쓰시마섬을 근거지로 조선 해안가를 약탈하던 사람들은? ....
2. 세종 때 쓰시마섬을 정벌하여 왜구 토벌에 큰 공을 세운 장수는? ....

정답 ① : 왜구   정답 ② : 이종무

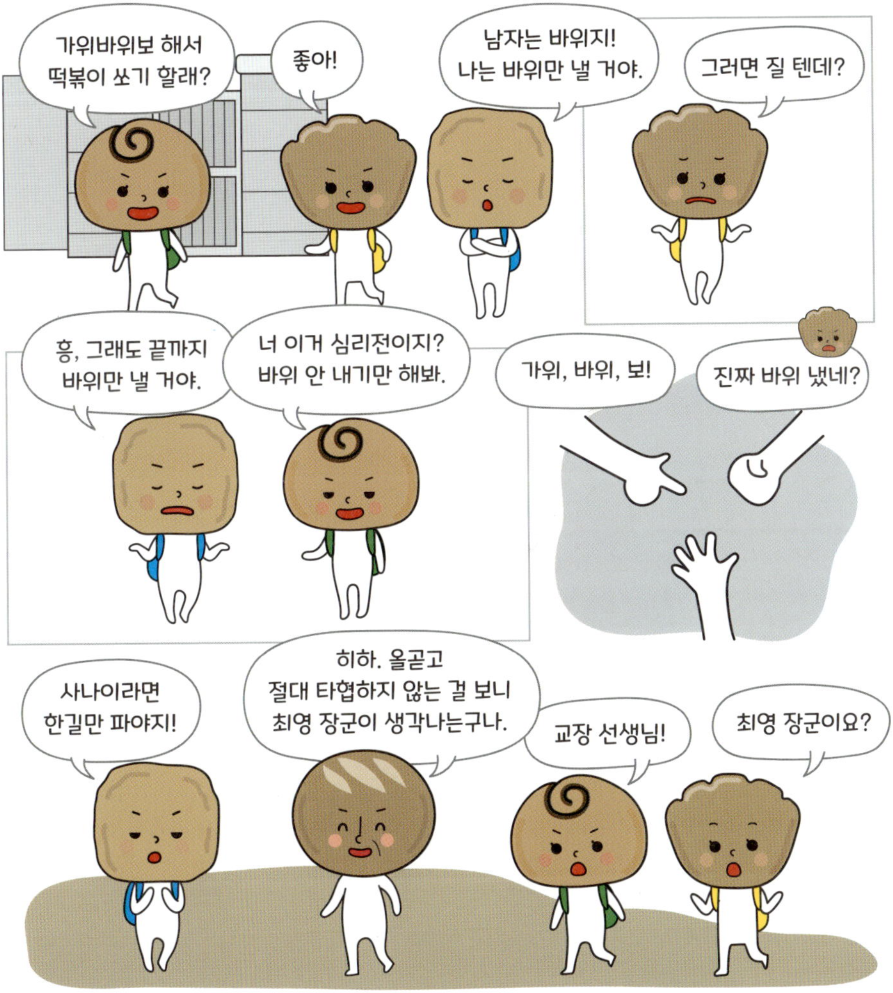

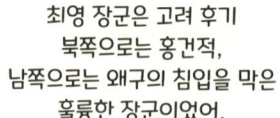

최영 장군은 고려 후기 북쪽으로는 홍건적, 남쪽으로는 왜구의 침입을 막은 훌륭한 장군이었어.

전쟁에 나가기에 공은 너무 나이가 많소. 이제 그만 쉬시지요.

비록 늙은 몸이나 나라와 백성을 지키고자 하는 마음은 늙지 않았습니다.

최영 장군님은 고위 관직에 있으면서도 청탁과 뇌물을 받지 않으신다지?

고려의 어느 누가 최영 장군님을 존경하지 않겠소.

뇌물이라니! 황금 보기를 돌같이 해야지!

원나라가 통치하던 철령 이북 땅을 공민왕이 되찾아왔어. 그리고 원나라가 망하고 명나라가 들어서자 명은 그 땅을 돌려달라 요구했지.

명나라의 터무니 없는 요구를 받아들여서는 안됩니다!

우리가 먼저 요동 지역을 공격해야 합니다!

이성계는 나라와 백성을 위해 요동 정벌을 말렸지만 우왕과 최영의 뜻을 꺾을 수 없었어. 결국 이성계는 위화도 회군으로 정권을 잡고 최영을 유배 보내 참수하고 말았지.

개성의 모든 사람들이 최영의 죽음을 슬퍼할 정도로 그는 충성스럽고 청렴한 사람이었어. 최영이 죽으면서 남긴 말대로 최영 장군의 무덤에는 오랫동안 풀이 나지 않았다고 하지.

더 알아볼까요?

1. 고려 말 우왕과 함께 요동 정벌을 추진했던 장군은? ....
2. '황금 보기를 돌같이 하라'는 말은 남긴 고려의 장군은? ....

황금 보기를 돌같이 하라 - 최영

47 이성계
조선왕조를 세우다

고려 말기 권문세족의 부정부패가 넘쳐나고 홍건적과 왜구의 침략으로 백성들의 삶이 점점 더 어려워지고 있을 때였어. 그때 이성계가 나타났어.

"고려 백성을 괴롭히는 저 왜구들을 한 놈도 남김없이 쓸어버려라!"

"도망쳐!"

"이성계의 활약으로 고려군보다 10배가 많던 왜구들이 고작 70여 명만 살아남아 지리산으로 도망쳤다지 뭔가!"

"아주 속이 다 후련하구만!"

여러 차례 외적을 물리치며 백성들의 지지를 한 몸에 받고 있던 이성계는 고려의 개혁을 주장하던 정도전, 정몽주와 손을 잡았어. 그리고 사리사욕에 눈이 멀어 나라를 망치고 있던 권문세족을 몰아내고 고려를 안정시키려 했지.

"고려는 이미 부패했소. 새로운 나라를 세워야 하오!"

"나는 고려를 끝까지 지킬 것이오."

그러나 정몽주는 고려를 지키려 했고 이성계와 정도전은 새 나라를 세우고자 했어. 때문에 이성계의 아들 이방원은 자객을 보내 선죽교에서 정몽주를 죽였지.

조선왕조를 세우다 - 이성계

그리고 우왕과 최영이 요동 정벌을 외치던 때에 이성계는 4가지 이유를 들어 요동 정벌을 반대했어.

첫째, 작은 나라로서 큰 나라에 거역하는 것이고,

둘째, 여름철에 농사지을 백성들을 군사로 동원하는 것이고,

셋째, 북쪽을 정벌하러 온 나라 군사를 보내면 왜적을 막을 군사가 없고,

넷째, 지금 장마철이므로 활은 제 역할을 못하며 많은 군사가 역병을 앓을 것입니다.

우왕은 이성계의 반대에도 불구하고 요동 정벌을 진행시켰지. 결국 이성계는 위화도에서 군사들을 돌려 개경으로 향했어.

최영을 사로잡고 우왕을 폐위하라!

새로운 고려를 세우리라!

이성계가 정변을 일으켰구나!

이제 고려는 끝이다...

이 나라는 더 이상 고려가 아닌 조선이라 불릴 것이다!

왕이 된 이성계는 도읍을 한양으로 옮기고 경복궁과 종묘, 사직단, 관청이 몰려 있는 6조 거리를 만들어 수도를 완성했어. 새로운 나라 조선이 세워진 거지.

더 알아볼까요?

1. 요동 정벌에 나선 이성계가 군대를 되돌린 사건은? ....
2. 급진파 사대부와 함께 조선을 건국한 사람은? ....

정답 ① 위화도 회군 ② 이성계

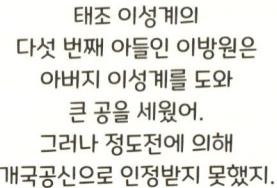

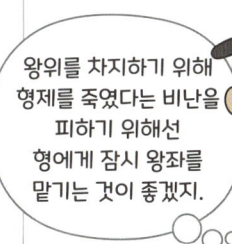

> 더 알아볼까요?

1. 제1차 왕자의 난 때 이방원에게 죽임을 당한 대표적인 사람은? ....
2. 왕자의 난을 통해 왕이 된 이성계의 다섯째 아들은? ....

정답 ① : 정도전   정답 ② : 이방원

왕자의 난으로 정권을 잡다 - 이방원

49 정도전
조선왕조를 설계하다

"요동을 치기 위해 군사를 중앙에 집결시켜야 합니다. 지금의 군대는 각각의 사병이 모인 연합일 뿐 제대로 된 군대가 될 수 없습니다."

"왕자들과 여러 세력가에 흩어져 있던 사병과 무기를 모두 나라에 반납하라 명하시지요."

왕자들과 세력가들의 사병을 모두 몰수해 나라에 귀속시켰지. 이 과정에서 이방원과의 사이가 극도로 나빠지기 시작했어.

"정도전을 이대로 두었다가 병사도 왕권도 모두 빼앗기겠구나!"

"기회를 보아 먼저 정도전을 칠 것이다!"

"내가 꿈꾸던 조선은 여기까지로구나."

조선 건국에 엄청난 업적을 남긴 정도전은 1차 왕자의 난 때 목숨을 잃게 되고 도리어 역적의 누명까지 쓰게 돼. 그의 사상이 시대를 앞선 탓이었지. 조선 말 흥선대원군에 의해 이 누명은 벗겨지게 됐어.

더 알아볼까요?

1. 조선의 대표적 궁궐인 경복궁의 이름은 지은 사람은? ....
2. 제1차 왕자의 난을 일으켜 정도전을 죽음에 이르게 한 사람은? ....

① 정답 : 정도전 ② 정답 : 이방원

50 신숙주
훈민정음 창제에 기여하다

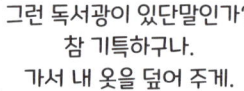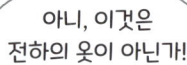

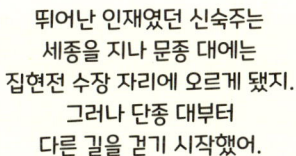
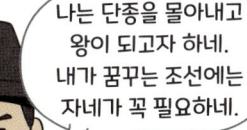

더 알아볼까요?

1. 최항, 박팽년, 성삼문 등과 함께 훈민정음 창제에 크게 기여한 집현전 학자는? ....
2. '해동제국기'라는 일본 기행문을 쓴 사람은? ....

훈민정음 창제에 기여하다 - **신숙주**

51 황희
청렴과 결백의 상징

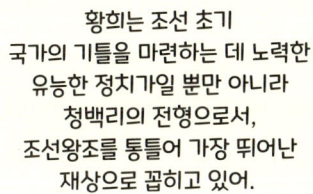

황희는 조선 초기 국가의 기틀을 마련하는 데 노력한 유능한 정치가일 뿐만 아니라 청백리의 전형으로서, 조선왕조를 통틀어 가장 뛰어난 재상으로 꼽히고 있어.

태조 때부터 지금까지 오랫동안 재상 자리에 있어줘서 참으로 든든하오.

아니옵니다. 이제 나이가 많으니 은퇴할 때가 되었습니다.

무슨 말이오. 아직 8, 90살이 된것도 아닌데 은퇴는 너무 이르오.

이제 소신 노쇠하여 힘이 듭니다.

죽을 만큼 쇠약하지도, 병이 깊지도 않소. 혹시 병이 깊다면 치료하면 될 일 아니오?

황희는 65세 이후로 매년 파직 상소문을 올렸으나 매번 거절당했어.

전하... 제발 파직해 주시옵소서.

정 힘들면 모든 업무를 집에서 보고 한달에 두 번만 조회에 참석하시오.

청렴과 결백의 상징 - 황희

황희는 농사 개량에 힘써 곡식 종자를 널리 배급하여 조선을 풍요롭게 만들었지. 또 나라 밖 국방 문제에도 철저히 신경쓰는 등 뛰어난 정치 능력을 보여주었지.

나라에서 나눠준 곡식 씨앗 덕분에 올해는 풍년이구만.

국방도 얼마나 철저한지 왜구 놈들이 곡식을 빼앗지도 않으니 얼마나 좋은지 모르네.

황희는 모나지 않은 성격으로 임금과 신하 사이에 마찰을 잘 중재하기도 했지. 그래서 세종은 황희를 끝까지 곁에 두려고 했던 거야.

너무 그러지 말게. 전하께서 다 큰 뜻이 있으신 것 아니겠나. 허허.

내 나이 87세 드디어 은퇴하는구나.

황희는 24년간 정승을 역임했는데 영의정만 무려 19년간 역임했어. 조선에서 이토록 긴 기간을 영의정으로 재임한 경우는 황희가 유일했지.

● 더 알아볼까요?

1. 조선 시대에 무려 19년 동안 영의정을 지낸 인물은? ....
2. 태조, 태종, 세종을 모신 청렴결백의 대명사인 재상은? ....

52 장영실
조선의 발명왕

옛날에 우리나라에 신분제도라는 게 있었다면서요?

응, 맞아. 부모가 노비면 그 자식도 노비였지.

헉! 불쌍해... 그럼 노비는 평생 노비로 살아야 해요?

그렇지만 조선 최고의 과학자 장영실의 얘기는 좀 달라.

장영실이요?

장영실은 뛰어난 실력으로 신분의 벽을 뛰어넘은 사람이야.

물론 세종대왕같이 훌륭한 임금을 만나지 못했더라면 역사에 이름을 남기지 못했을지도 몰라.

크, 신분보다 사람의 재능을 높이 산 세종의 안목! 너무 멋져!

장영실 얘기 더 해주세요!

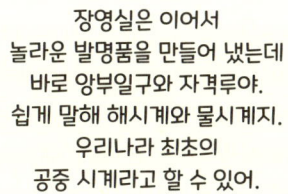

장영실은 이어서 놀라운 발명품을 만들어 냈는데 바로 앙부일구와 자격루야. 쉽게 말해 해시계와 물시계지. 우리나라 최초의 공중 시계라고 할 수 있어.

이 시계를 종묘 남쪽 거리에 설치해 일반 백성들이 시각을 알 수 있도록 하라!

비가 내린 양을 측정하는 측우기이옵니다.

이것은 청계천 물 높이를 재는 수표입니다.

만능의 천재가 아닌가...!

엄청난 발명품을 줄줄이 만들어 내더니 금속활자 만드는 일에도 참여한다지?

그러던 어느 날 장영실이 제작한 세종이 타는 가마가 부서지고 만 거야. 그 일로 궁궐 밖으로 쫓겨났다고 해. 그 이후 장영실에 대한 기록은 어디에도 남아 있지 않아.

가마가 부서졌다...!

🔍 **더 알아볼까요?**

1. 해시계, 물시계, 측우기 등을 발명한 사람은? ....
2. 장영실의 재주를 알아보고 중국에 유학을 보낸 왕은? ....

정답 ① 장영실 ② 세종

조선의 발명왕 - **장영실**

53 세종대왕
훈민정음을 창제하다

세종대왕은 한글 창제 말고도 수많은 업적을 남긴 인물이야. 유교 정치를 기반으로 조선 시대 정치, 경제, 사회, 문화에 큰 번영을 가져왔지. 또 민본 정치를 중요시했는데 당대의 가장 큰 업적이라 할 수 있는 훈민정음 창제 역시 백성들과의 소통을 바라던 세종의 고민이 낳은 산물이었지.

"집현전을 설치하여 유능한 인재를 양성하고, 학문을 활발하게 가르쳐 유교 정치의 기반이 되는 의례와 제도를 정비하겠다."

"지금 사용하는 한자는 배우기가 쉽지 않아 백성들은 글을 모른 채 살아가야야 한다."

"그래서 자신의 생각을 제대로 드러내지 못하는 것이 참 안타깝구나."

"집현전 학자들에게 말을 글로 옮길 수 있는 문자를 만들라 하라!"

"왜 오랑캐가 되려 하십니까?"

"전하, 글자를 새로 만드는 것은 중국을 배신하는 일입니다."

신하들의 반발에도 세종대왕과 집현전 학자들은 '백성을 가르치는 바른 소리'라는 뜻의 '훈민정음'을 만들었지.

"훈민정음으로 아녀자와 노비까지 글을 깨우친다 합니다."

"유교 윤리를 담은 책을 한글로 만들어 많은 사람들이 유교의 가르침을 익힐 수 있게 되었습니다."

훈민정음을 창제하다 - 세종대왕

"농업기술을 상세히 적은 전문 농업 서적과 의약 서적도 필요하구나."

"할 일이 많겠구나…!"

"천문학에 대한 책도 빠질 수 없지."

또 세종의 시대에 과학과 기술이 크게 발전했어. 천문을 관측할 수 있는 관측기구와 다양한 시계도 만들어졌어. 농업과 의약 등 다양한 기술 서적이 만들어져 배포됐어.

"억울한 일을 당하는 백성이 없도록 법을 강화하고 법전을 정비하라!"

"백성들에게 과한 세금을 부과하지 못하도록 공법을 시행하라!"

또한 법전 정비와 형벌제도를 정하고 세금제도도 정비했지.

"공법은 참 편리하지요. 이런 법은 영원히 시행돼야 합니다."

"모든 것이 백성을 위한 민본주의 정책이지요."

세종 시대가 우리 민족의 가장 빛나는 시대가 될 수 있었던 것은 세종을 보필할 훌륭한 신하들이 많았던 것도 있지만 그들을 모두 포용할 수 있는 세종의 넓고 깊은 지혜가 있었기 때문이겠지?

더 알아볼까요?

1. 세종이 만든 새로운 글자의 명칭은? ……………………………
2. 세종이 유교적 윤리를 보급하기 위해 한글로 편찬한 책은? ………………………

54 김시습
백세의 스승

"독후감 숙제 너무 하기 싫다."

"책은 마음의 양식이라는데 왜 그렇게 읽기 싫어해?"

"그치만 책읽는 건 너무 지루한걸…"

"그럼 내가 퀴즈 내볼게. 우리나라 최초의 한문 소설이 뭔지 알아?"

"나 알아! '홍길동전'!"

"그건 한글 소설이고."

"한문 소설? 난 '홍길동전'밖에 몰라."

"'금오신화'라는 소설이야. 김시습이 쓴 거지."

"김시습이 누구야…?"

단종을 다시 왕으로 만들려다 죽음으로 절개를 지킨 사람들을 사육신이라고 하고, 살아서 단종에 대한 절개를 지킨 사람들을 생육신이라고 하지. 김시습은 생육신 중 한 명이었어.

단종에 대한 신의를 지키다 죽은 사육신의 시신을 거둬 노량진에 무덤을 만들어드려야지.

그 뒤로 김시습은 승려가 되어 전국 방방곡곡을 방황했어. 이때 우리나라 최초의 한문 소설 '금오신화'를 써낸 거야.

그는 떠돌이의 삶을 살았지만 배운 것을 실천에 옮기는 지식인의 의무에는 누구보다 엄격하였지. 그래서 율곡 이이는 김시습을 '백세의 스승'이라고 칭송하였어.

더 알아볼까요?

1. 우리나라 최초의 한문 소설은? ....
2. 이이가 '백세의 스승'이라 칭송한 사람은? ....

① 정답 : 금오신화   ② 정답 : 김시습

백세의 스승 - 김시습

55 조광조
유교적 이상 정치를 꿈꾸다

중종은 연산군의 잘못을 바로잡고 새로운 조선을 만들고 싶어했어. 이때 중종이 주목한 인물이 조광조였지.

유교적 이상 정치를 실현하기 위해 다양한 개혁을 시도하고자 합니다.

그대의 의견을 적극 수용하겠소.

먼저 과거제도를 개혁해야 합니다. 시험으로만 관리를 등용하는 것은 한계가 있지요.

여러 사람의 추천을 받은 사람을 면접을 거쳐 인재를 등용해야 합니다.

신분제도 개혁도 필요합니다. 양반의 첩이 낳은 자식이 서얼이라 차별받지 않게 해야 하지요.

왕에게 옳은 말을 할 수 있는 길이 열려야 합니다.

조광조를 앞세운 사림파는 반대파인 훈구파의 잘못된 정치 관행과 권력형 비리를 고쳐 새로운 조선 사회를 창조하려고 했어. 훈구 세력이 사림 세력을 미워할 수밖에 없었지.

우리의 세력에 방해가 되는 사림파 조광조를 이대로 둘 수 없습니다.

제게 좋은 생각이 있습니다.

유교적 이상 정치를 꿈꾸다 - 조광조

더 알아볼까요?

1. 조광조가 과거제를 개혁하여 추천으로 관리를 뽑고자 했던 제도는? ....
2. 조광조가 급진적인 개혁 정치를 시도하다 실패하고 죽임을 당한 사건은? ....

56 이황
일본에서도 존경받는 조선의 성리학자

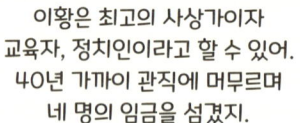

내 나이 57세, 관직에서 물러나 고향인 안동에 '도산서당'을 지었지.

이황은 최고의 사상가이자 교육자, 정치인이라고 할 수 있어. 40년 가까이 관직에 머무르며 네 명의 임금을 섬겼지.

스승님께 가르침을 받고자 하는 자들이 300명이 넘는다고 합니다.

이곳에 전국에서 학문을 배우고자 하는 제자들의 발걸음이 끊이질 않았지. 그 가운데는 유성룡이나 김성일 같은 인재도 있었어.

올바른 정치를 위해 성리학을 그림으로 풀어 쓴 책 '성학십도'입니다.

이것을 병풍으로 만들어 곁에 두고 보겠습니다.

또한 이황은 학문을 가르치는 것뿐만 아니라 올바로 사는 것이 무엇인지도 몸소 실천해 보였어.

이렇듯 이황은 청렴결백한 성품과 높은 학문으로 일본 성리학 발전에 큰 영향을 미쳤고, 특히 중국에서는 '해동 주자'라고 불렸어.

더 알아볼까요?

1. 중국에서 '해동 주자'라고 불린 조선의 학자는? ....
2. 이황이 선조에게 바친 책으로 성리학을 그림으로 풀어 쓴 책은? ....

정답 ① 이황 ② 성학십도

일본에서도 존경받는 조선의 성리학자 – 이황

57 이이
과거 시험에 아홉 번이나 합격한 천재

> 더 알아볼까요?
>
> 1. 과거에 아홉 번이나 급제하여 이름을 크게 떨친 사람은? ....
> 2. 유교 정치 사상을 담은 '성학집요'라는 책을 지어 바친 학자는? ....

현모양처는 어머니의 역할과 아내의 역할을 두루 잘 해내는 여인을 지칭하는 말이야. 우리나라 역사에서 대표적인 현모양처를 꼽는다면 당연히 신사임당이라고 할 수 있지.

7명의 아이들 앞에서 늘 모범적인 모습을 보여야지. 매일 아침 일어나 책을 읽은 뒤 뜻깊은 문장을 하나씩 종이에 적어 집안에 붙여 두자.

어머니, 오늘은 어떤 책을 읽으셨어요?

어머니가 적어두신 저 문구가 맘에 들어요. 저도 읽을래요!

아이들은 자연스럽게 책과 가까워졌어. 그리고 아이들의 관심사에 대해 눈높이를 맞춰 대화했지. 스스로 생각하는 능력을 키우기 위해 이이와는 학문적 이야기를 편지로 주고받곤 했어.

어머님 편지 잘 읽었습니다. 이번엔 제 생각을 말씀드리겠습니다.

우리 아들, 편지를 보니 다 컸구나.

이런 교육 방식으로 자녀들을 조선 최고의 천재 학자 율곡 이이, 조선 3대 여류화가 맏딸 이매창, 거문고와 서예의 대가 막내 이우 등 한 시대를 대표할 만한 인물들로 성장시켰어.

신사임당은 율곡 이이의 어머니로 널리 알려져 있으나 사실 그녀는 시와 글씨, 그림에 남다른 재능이 있어 그녀가 살았던 시기에 화가로서 명성이 자자했어.

어머나, 닭이 그림을 쪼고 있잖아?

풀벌레, 포도, 화조, 매화, 난초, 산수 등을 주로 그렸는데 마치 살아 있는 듯 섬세한 그림이어서 마당에 풀벌레 그림을 펼쳐놓고 햇볕에 말리려 하자 진짜 벌레인 줄 알고 닭이 와서 쪼았다는 일화가 있어.

어머니, 항상 감사드립니다.

후일 율곡이 유학자들의 존경의 대상이 되자 사임당은 천재 화가보다는 율곡을 낳은 어머니로 칭송받기 시작했어. 자식에게 훌륭한 교육을 실시한 어머니 사임당으로 더 유명해지기 시작한 것이지.

더 알아볼까요?

1. 율곡 이이를 대학자로 키워낸 어머니는? ....
2. 풀벌레 등을 소재로 그림을 그렸던 조선 시대 여성 화가는? ....

① 정답 : 신사임당   ② 정답 : 신사임당

율곡 이이의 어머니 – **신사임당**

59 임꺽정
의적인가, 도적인가

더 알아볼까요?

1. 조선 전기 도적떼 우두머리로 황해도 지방을 무대로 활동한 사람은? ....
2. 임꺽정은 천민 출신이라고 한다. 그의 출신 신분은? ....

한호는 가난한 양반 집안에서 태어났지. 그는 어려서부터 책과 글씨 쓰기를 좋아했지만 집안이 가난해 서당을 다니기도 힘들었다고 해.

어린 시절 한호는 한 스승 밑에서 공부하기 위해 집을 떠났어. 그의 어머니는 떡을 만들어 팔면서 아들의 공부를 도왔지. 그러던 어느 날 한호는 홀로 계신 어머니가 걱정이 되어 몰래 집으로 돌아왔어.

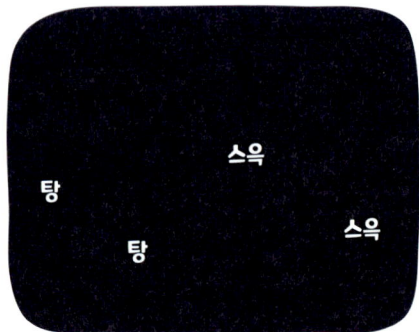

불을 켜고 보니 어머니가 썬 떡은 가지런한 모양새를 하고 있는데 한호가 쓴 글씨는 크기가 제각각이고 모양이 비뚤비뚤 춤을 추고 있었어.

어머니, 저의 부족함을 깨우쳐 주셔서 감사합니다.
더 공부하여 돌아오겠습니다.

후일 한호는 임금이 내리는 문서나 외교 문서를 쓰는 관리가 되어 국가의 주요 문서를 도맡아 썼지.

이 글씨는 무엇입니까? 명필이 따로 없습니다. 저에게도 글씨를 써 주실 수 있겠습니까?

그러하겠습니다.

또 한호의 글씨체를 너무 좋아한 선조는 도산서원이나 옥산서원 등 조선의 이름난 서원의 현판을 그의 글씨로 만들었어.

더 알아볼까요?

1. 조선 선조 때 사자관으로 일하며 천자문 책을 쓴 사람은? ....
2. 도산서원, 옥산서원의 현판 글씨를 쓴 사람은? ....

① 정답 : 한호(한석봉) ② 정답 : 한호(한석봉)

중국에까지 이름을 떨친 조선의 명필가 - **한석봉**

61 곽재우
임진왜란 최초의 의병장

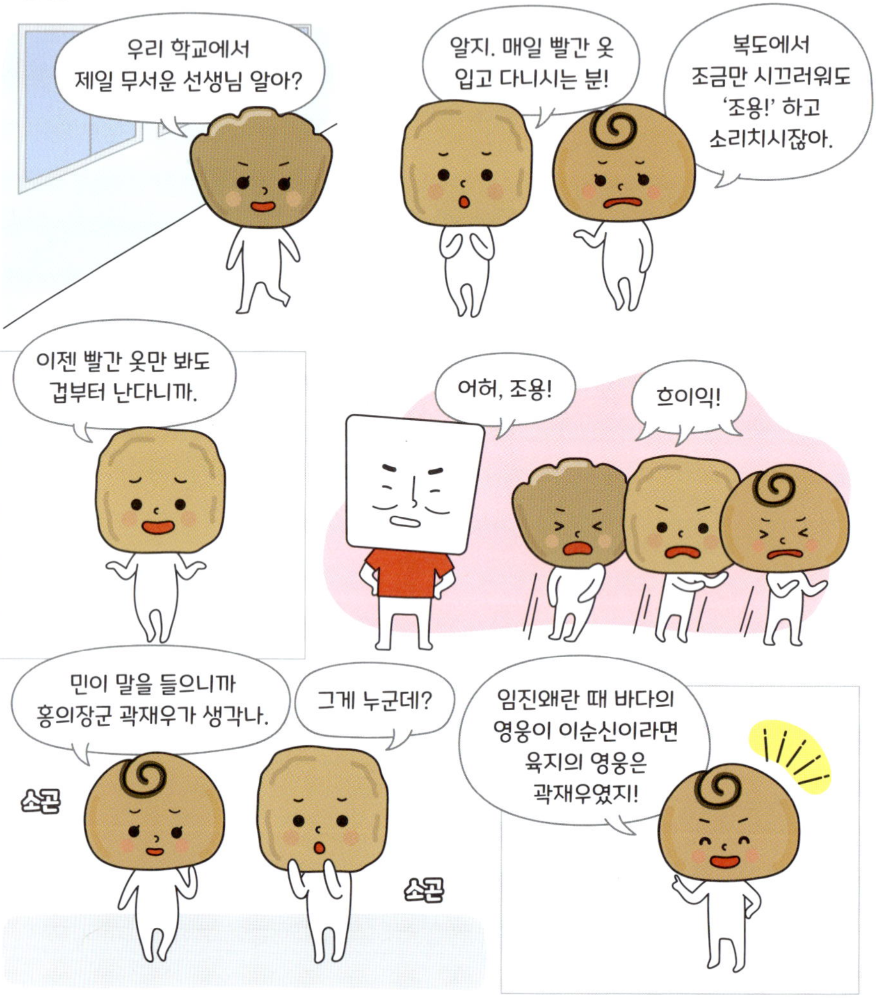

더 알아볼까요?

1. 임진왜란 때 최초로 일어난 의병을 이끈 장군은? ……………………………
2. 임진왜란 때 홍의장군이라 불린 의병장은? ……………………………

62 이순신
민족의 영웅

이순신은 한산도 대첩에서 크게 승리했으나 모함에 빠져 감옥에 갇히고 말았어. 다행히 다시 풀려나 삼도수군통제사로 임명됐지.

"장군이 없는 동안 수군이 크게 패했소. 남은 병력은 고작 군사 120명과 12척의 배 뿐이오. 수군을 없애는 것이 좋겠소…"

"신에게는 아직 12척의 배가 있사옵니다"

"죽고자 하면 살 것이오, 살고자 하면 죽을 것이다! 죽을 각오로 전쟁에 임하라!"

"예, 장군!"

그 뒤 명량대첩에서 13척의 배를 가지고 133척의 적군과 대결하여 격파하는 거짓말 같은 전과를 올렸어.

"흑, 장군…!"

"싸움이 급하니 나의 죽음을 알리지 말라."

수많은 승리를 이끈 이순신은 노량해전에서 그만 전사하고 말았어. 그의 마지막 유언은 정말 영웅의 모습이었지.

더 알아볼까요?

1. 이순신 장군이 학익진 전법으로 왜군을 크게 물리친 전투는? ……………………
2. 이순신 장군이 13척의 배를 이끌고 왜군 133척을 무찌른 바다 싸움은? ………

① 정답 : 한산도 대첩   ② 정답 : 명량 대첩

민족의 영웅 - **이순신**

논개
의로운 기생

● 더 알아볼까요?

1. 임진왜란 때 왜장과 함께 남강에 투신한 기생은? ....
2. 논개가 왜군 장수를 껴안고 강물에 뛰어든 곳은? ....

64 권율
행주대첩의 명장

◆ 더 알아볼까요?

1. 임진왜란 때 행주대첩을 승리로 이끈 장군은? ……………………………………
2. 권율 장군이 승리한 또 다른 전투는? ……………………………………

정답 ① 권율 장군, ② 이치 전투, 독산성 전투

행주대첩의 명장 - 권율

65 박문수

영조의 어진 정치를 돕다

박문수는 영조가 세자일 때 스승으로 만났는데 영조가 왕으로 즉위하고 나서도 인연은 계속됐어. 박문수는 강직한 성품을 가지고 있어 바른말 하는 것을 두려워하지 않았지.

전하, 그렇게 하시면 안 됩니다. 왜 이렇게 답답하십니까! 부디 성군이 되소서!

허어... 이것 참...

매번 듣기 싫은 소리를 하지만 참 믿음직한 신하지.

민생 안정이 언제나 최선입니다!

박문수는 영조 탕평정치의 핵심관료로 활약한 인물이기도 해. 그는 평생 영조의 정치를 보필하였어.

박문수 대감은 우리의 고통과 원인을 해결해 주려는 의지, 뛰어난 실무 능력, 강직한 성품 다 가지고 있으시지.

그게 암행어사가 아니면 뭐란 말이오!

사실 박문수는 실제 암행어사로 파견되었던 적이 없어. 그런데도 암행어사의 대명사로 지금까지 알려지고 있는 건 박문수가 백성들을 위해 암행어사보다 더 멋진 활약을 했기 때문은 아닐까?

더 알아볼까요?

1. 왕의 명령을 받고 관리들의 잘잘못을 몰래 점검하던 직책은? ....
2. 박문수가 어사로 활동하며 정치를 도왔던 왕은? ....

정답 : ① 암행어사 ② 영조

66 허준

『동의보감』을 지은 명의

허준은 시름시름 앓던 백성들의 모습이 계속 눈앞에 아른거렸어. 가난하고 힘없는 백성들이 약 한번 쓰지 못하고 병을 앓다 숨지는 것을 보고 매우 안타까워했지.

위급한 상황에서 누구든 쉽게 보고 약을 쓰거나 치료할 수 있는 책을 만들면 허무하게 죽는 사람들이 줄어들겠지.

하지만 선조가 세상을 떠나고 허준은 유배를 가야 했어. 당시에는 왕이 죽으면 왕을 치료했던 의원이 책임을 안고 벌을 받았거든.

유배 가는 것이 오히려 좋은 일이다. 평생에 걸쳐 연구한 의학책을 쓸 수 있는 마지막 시간이다.

전하, 지난 왕께서 명하셨던 책을 이렇게 완성해서 올립니다.

유배지에서 힘들게 지냈을 터인데, 이토록 귀한 책을 완성했다니, 참으로 대단하오!

허준이 완성한 『동의보감』은 유네스코 세계기록유산으로 등재되어 그 가치를 인정받고 있지.

더 알아볼까요?

1. 『동의보감』을 지은 조선 시대 의원은? ....
2. 조선 시대 주로 왕족과 궁중에서 쓰이는 약을 제조하던 관청은? ....

정답 ① : 허준   정답 ② : 내의원

67 허난설헌
조선의 천재 시인

- 조선 시대 여성들은 사회적인 활동을 하기 어려웠어요?
- 남성 중심의 사회라 여성들은 과거 시험을 볼 수도 없었어.
- 그 시대에 재능 있는 여자들은 정말 속상했겠다.
- 당대 최고의 시인이었던 허난설헌이 그랬지. 엄청난 재능을 가졌지만 제대로 꽃피우지 못하고 27살에 세상을 떠났어.
- 허난설헌이 누군데요?
- '홍길동전'으로 유명한 허균의 누나야!
- 우와, 집안 모두 글 쓰는 재주가 있었나 보다.
- 어쨌든 너무 슬프다.
- 그래도 지금은 여성도 하고 싶은 일 맘껏 할 수 있게 됐잖아.

직접 남편 후보 얼굴을 보고 결혼을 결정하겠습니다.

뭐... 뭐라? 말도 안 되는 소리 말거라!

허난설헌은 시대를 앞서간 천재 시인이야. 난설헌은 그녀의 호고 이름은 초희였어. 그녀의 아버지는 그녀를 15세에 시집보내려 했지.

아버지는 반대하셨지만 나는 먼저 얼굴을 봐야겠으니 노비로 변장하고 몰래 뒤따라야겠다.

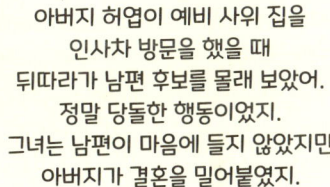

아버지 허엽이 예비 사위 집을 인사차 방문을 했을 때 뒤따라가 남편 후보를 몰래 보았어. 정말 당돌한 행동이었지. 그녀는 남편이 마음에 들지 않았지만 아버지가 결혼을 밀어붙였지.

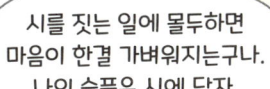

시를 짓는 일에 몰두하면 마음이 한결 가벼워지는구나. 나의 슬픔은 시에 담자.

나의 결혼 생활은 불행하나 내 자식에겐 사랑과 정성을 쏟아주어야지.

어머니!

난설헌의 결혼 생활은 그리 행복하지 않았어. 글재주가 뛰어나고 똑똑한 며느리를 시어머니와 남편 모두 반기지 않았어.

조선의 천재 시인 - 허난설헌

나의 세 가지 한은
첫째는 조선에서 태어난 것이요,
둘째는 여성으로 태어난 것이요,
셋째는 남편과의 결혼 생활이
불행한 것이다.

그런데 안타깝게도 허난설헌의 딸과 아들이 전염병으로 죽고 말았어. 불행의 연속으로 난설헌은 연이어 임신 중이던 뱃속의 아이까지 유산하고 말았어.

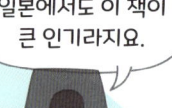

누님의 시를 정리해 펴낸 '난설헌집'입니다.

인간의 감정을 이렇게 잘 표현한 시가 있다니.

명나라에서도 이 책을 팔면 좋겠습니다.

결국 시대를 잘못 만난 조선의 천재 시인은 미처 자신의 재능을 다 피워보지도 못하고 27세 젊은 나이로 세상을 떠나게 되었어. 난설헌의 시는 동생 허균에 의해 세상에 알려지게 됐지.

명나라 사신들이 허난설헌의 시집을 구해 달라 아우성입니다.

일본에서도 이 책이 큰 인기라지요.

명을 이은 청 황제까지 허난설헌의 시집을 구해 달라 요청할 정도로 엄청난 인기였어. 허난설헌은 비록 슬픈 생을 마감했지만 그녀의 작품은 많은 이들에게 사랑받는 걸작이 되었지.

더 알아볼까요?

1. 허균의 누나이자 천재 시인으로 알려진 작가는? ....
2. 명과 청 뿐만 아니라 일본에까지 이름을 떨친 조선의 여류 시인은? ....

68 허균
비운의 천재 사상가

"나는 홍길동이다!"

"그리야, 그만 좀 뛰어다녀."

"너 홍길동이 누군지는 아니?"

"음... 조선 시대 사람 아니야?"

"초능력도 쓰고 나라도 세우고 그러는데 어떻게 실존 인물이니?"

"아, 맞네."

"우리나라 최초의 한글 소설의 주인공이지!"

"쓴 사람은 허균이고!"

"정답!"

"그런데 허균은 왜 이런 소설을 쓴 걸까요?"

허균이 쓴 많은 소설에는 사회체제의 부조리에 대한 비판이 담겨 있었어. 소설이 아닌 논설을 통해서 직접적으로 사회를 비판하기도 했지.

천하에 두려워할 만한 자는 오직 백성뿐이다. 임금이 정치를 할 때는 오로지 백성을 위한 정치를 해야 한다.

문벌과 과거로 하늘이 보낸 재능 있는 사람을 제한하는 것은 옳지 않다. 참다운 학자를 등용하여 능력을 펼치게 할 책임은 왕에게 있다!

이러한 주장들은 차별받고 소외받는 사람이 없도록 정치해야 한다는 것이었어. 그러나 허균의 사상은 당시엔 받아들여지기 힘들었겠지?

결국 그는 역모를 꾸몄다는 누명을 쓰고 50세에 사형을 당하는 비극적인 인물이 되었어. 그는 다양한 문화를 포용하고 핍박받고 소외된 사람의 입장에서 정치와 사회에 대한 입장을 주장한 시대의 선구자이고 새로운 세상을 꿈꾼 혁명가였지.

이야기에 담긴 나의 꿈이 언젠가 이루어졌으면 좋겠구나...

더 알아볼까요?

1. 우리나라 최초의 한글 소설은? ………………………………
2. 소설 '홍길동전'을 쓴 사람은? ………………………………

정답① : 홍길동전   정답② : 허균

비운의 천재 사상가 - 허균

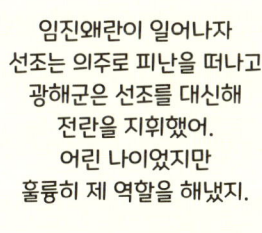

임진왜란이 일어나자 선조는 의주로 피난을 떠나고 광해군은 선조를 대신해 전란을 지휘했어. 어린 나이었지만 훌륭히 제 역할을 해냈지.

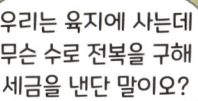

전쟁이 끝나고 왕위에 오른 광해군은 여러 개혁 정치를 시행했어. 당시에는 지역마다 특산품을 세금으로 내야 했는데 자기 지역에서 나지 않는 특산품을 내야하는 경우도 있었어.

특산품을 대신 구해 주는 것을 방납이라 했는데 이것 때문에 백성들의 부담은 점점 커졌지. 광해군은 큰 결단을 내렸어.

"특산물을 대신 구해 주는 방납때문에 고통받는 백성들이 너무 많소. 앞으로 공납은 특산물 대신 쌀로 통일해서 내도록 하시오. 쌀이 나지 않는 지역에선 옷감으로 대신하시오."

광해군이 실시한 법을 '대동법'이라고 해. 백성들은 손을 들어 환영했지. 그러나 방납으로 이득을 보던 세력들은 거세게 반발했어.

"명나라가 후금과의 전쟁에 지원군을 요청했습니다."

"임진왜란 때 우리를 도운 명을 배반할 수는 없다. 그러나 청과도 적대 관계를 가져선 안 된다."

"지원군을 보내되 장군이 정세에 따라 슬기롭게 행동하라."

그 외에도 명나라와 후금 사이에서 중립 외교를 훌륭하게 펼쳤어. 나라와 백성의 이익을 위한 실리적인 외교였지.

"군신관계인 명을 배반하는 것은 있을 수 없는 일이오."

"지금의 임금을 폐위시키고 능양군을 즉위시킵시다!"

그러나 명을 배반했다는 이유로 신하들의 반발이 거세게 되고 결국 인조반정으로 폐위당하고 말았어.

더 알아볼까요?

1. 대동법이라는 것을 처음으로 실시해 백성을 보호한 왕은? ....
2. 명과 후금 사이에서 중립적인 외교를 실시한 왕은? ....

곤애위윤 : 묘요 ② 곤애위윤 : 묘요 ①

70 최명길
주화론을 주장한 현실주의자

"백성을 보호하고 나라의 운명을 지키려면 후일을 도모하고 지금은 강화를 해야 합니다!"

"어찌 명과의 의리를 깨고 오랑캐의 나라와 화친을 맺을 수 있소...!"

"날씨가 추워 군사들의 상황 또한 여의치 않습니다. 마음을 돌이키십시오 전하!"

하지만 코앞까지 다가온 청나라 군사 앞에 인조는 어쩔 수 없이 청나라 황제 태종 앞에 직접 나아가 항복하게 됐어. 이를 '삼전도의 굴욕'이라고 하지.

"항복의 의미로 세 번 무릎을 꿇고 아홉번 머리를 조아리라!"

"참으로 분하다...!"

"분하지만 이것이 최선입니다. 무모하게 청에 대항하여 죄 없는 백성들의 피를 흘리게 할 수 없습니다..."

현실적으로 생각하고 가장 적절한 방안을 제시했던 최명길은 그 뒤로도 명과 청 사이에서 지혜로운 외교를 펼쳤지. 병자호란으로 조선왕조의 존속 자체가 위태로웠을 때 누구보다 국가와 백성을 살리기 위해 노력한 사람이었어.

더 알아볼까요?

1. 청이 조선에게 군신관계를 요구하며 쳐들어온 전쟁은? ....
2. 청이 침략하자 주화론을 주장하여 나라의 위기를 구하려 한 인물은? ....

정답 ① 병자호란 정답 ② 최명길

주화론을 주장한 현실주의자 - **최명길**

71 삼학사
끝까지 청에 항전할 것을 주장하다

"오늘 본 영화 엄청 재밌었어요!"

"맞아요! 강자 앞에서도 끝까지 의리를 지키는 모습 너무 멋있었어요."

"그리고 결국엔 이겼잖아!"

"그런데 뭐, 영화는 영화일 뿐이지. 실제로 저런 사람이 어디 있겠어?"

"실제로 있었어! 조선 시대 삼학사 세 사람이지."

"삼학사가 뭐예요?"

"병자호란 때 명나라를 배신하지 않고 끝까지 청나라와 손을 잡지 않은 인물들이야."

"영화와 달리 그들은 모두 죽었지만"

"슬프다."

병자호란이 일어나기 직전 청나라의 용골대, 마부대 등이 사신들과 함께 조선에 와서 군신관계를 맺자고 했어. 이에 조선의 조정은 척화론으로 들끓었지.

"당장 후금 사신의 목을 베어 그들의 요구를 거절해야합니다!"

"흐익...! 이러다 죽는 거 아닌가? 후금으로 도망가자!"

결국 청 태종이 직접 대군을 이끌고 조선에 쳐들어와 병자호란이 시작된 거야. 윤집과 오달제는 인조를 모시고 남한산성으로 들어가 절대 항복하지 말것을 주장했지.

"절대 항복해서는 안 됩니다!"

"사대관계인 명나라를 두고 청나라와 화친할 수 없습니다!"

"정세가 이러하니 더 이상 버틸 수 없네... 항복해야겠네..."

"전하..."

"청과 화친하고 싶다면 왕이 직접 와 항복하고 화친을 반대한 신하를 모두 잡아와라!"

끝까지 청에 항전할 것을 주장하다 - **삼학사**

더 알아볼까요?

1. 후금이 청으로 나라 이름을 바꾸고 조선에 요구한 조건은? ....
2. 병자호란 이후 청에 끌려간 삼학사의 이름은? ....

① 정답: 군신 관계 ② 정답: 홍익한, 윤집, 오달제

72 안용복
독도는 우리 땅!

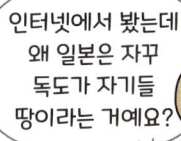
인터넷에서 봤는데 왜 일본은 자꾸 독도가 자기들 땅이라는 거예요?

이미 거기엔 우리나라 사람들이 가서 지키고 있잖아요.

그러게. 좀처럼 인정을 하지 않네.

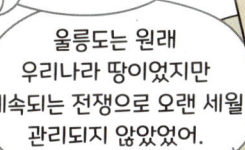
독도를 두고 언제부터 이렇게 싸우게 된 거예요?

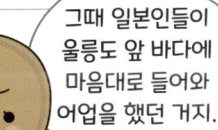
그때 일본인들이 울릉도 앞 바다에 마음대로 들어와 어업을 했던 거지.

울릉도는 원래 우리나라 땅이었지만 계속되는 전쟁으로 오랜 세월 관리되지 않았었어.

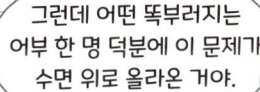
그런데 어떤 똑부러지는 어부 한 명 덕분에 이 문제가 수면 위로 올라온 거야.

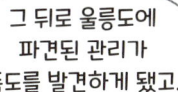
그 뒤로 울릉도에 파견된 관리가 독도를 발견하게 됐고.

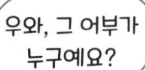
우와, 그 어부가 누구예요?

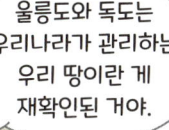
울릉도와 독도는 우리나라가 관리하는 우리 땅이란 게 재확인된 거야.

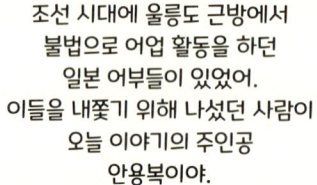

더 알아볼까요?

1. 우리나라 영토 가운데 동쪽으로 가장 끝에 있는 섬은? ………………………
2. 조선 숙종 때 일본에 건너가 독도가 우리 땅이라고 주장한 사람은? …………

① 정답: 독도 ② 정답: 안용복

독도는 우리 땅! - 안용복

73 영조
탕평책을 펼치다

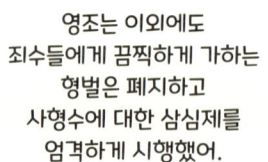

더 알아볼까요?

1. 성균관 앞에 탕평비를 세운 임금은? ....
2. 조선 시대 농민들이 군대 가는 대신 세금으로 납부한 것은? ....

정답: ① 영조 ② 균역법

정조는 왕이 되고 나서 아버지 사도세자의 무덤을 화성으로 옮기고 시간이 날 때마다 행차를 하였지. 정조가 능행길에 나서면 주변에 백성들이 몰려나왔다고 해.

백성들의 형편은 어떠하냐?

임금님 덕분에 평안합니다.

정조는 수원에 계획 도시인 화성을 건설했어. 정약용이 설계 책임자로 임명된 화성 공사는 2년 7개월 만에 완성됐는데 총 둘레가 5744미터나 되지.

이 큰 성곽을 어떻게 지어야 합니까?

정약용이 만든 거중기를 사용하면 된다네.

혁신과 개혁을 위해서는 당쟁의 뿌리가 깊은 한양을 떠나

수원으로 수도를 옮겨 새로운 바람을 일으키고, 양반 관리들의 힘을 약화시켜야 한다.

수원 일대에 상인들을 이주시키고 농업과 상업을 육성하여 도시의 자립이 가능하게 했어. 화성을 자신의 정치적 이상을 실현하는 상징적 도시로 육성하고자 한 것이지. 정조의 숨결이 묻어 있는 수원 화성은 현재 세계문화유산으로 등재되어 많은 관광객이 찾고 있지.

또한 신진 관리 중 유능한 사람들을 뽑아 재교육하는 초계문신제도를 실시하고 성적이 좋으면 좋은 벼슬자리를 주기도 했지.

임금님과 함께 조선을 위해 힘쓰는 이가환, 정약용도 초계문신제도를 통해 벼슬에 올랐지요.

학문을 잘 배울수록 흐트러진 정치를 개혁할 수 있지.

창덕궁 후원에 규장각을 세우고 규장각 학자들을 등용하여 성리학적 소양을 갖춘 인재를 키우겠다.

규장각은 본래 왕실 도서관의 기능을 가지는 기구였는데 여기에 비서실 기능과 과거시험, 문신 교육까지 하게 했지.

당파 싸움이 심화되는 이때에 왕권 강화를 위해 친위 부대인 장용영을 만들어야겠다.

또 왕의 친위 부대인 장용영을 설치하여 왕권을 뒷받침하는 군사적 기반을 갖추기도 했어. 많은 개혁정책과 탕평을 추진했지만 그의 갑작스런 죽음으로 정조의 꿈은 더 진행되지 못했지.

더 알아볼까요?

1. 사도세자의 아들로 후일 왕위에 오른 인물은? ....
2. 정조가 수원에 세운 성곽으로 유네스코에 등재된 문화유산은? ....

규장각을 설치하고 화성을 완성하다 - 정조

이익
실학의 선구자

"저 넓은 갯벌에 제방을 쌓아 바닷물을 막고 소금기를 없앤다면 광활한 옥토가 되어 농토가 없어 굶어 죽는 백성을 배불리 먹일 수 있을 것이다"

그가 평생 살았던 안산 앞바다를 보고 한 말인데 오늘날 안산 앞바다는 인공 제방을 쌓고 바닷물을 퍼내어 육지로 사용하고 있지. 200여 년 전 생각했던 일이 실제로 일어난 거야.

"법의 목표는 강자와 다수의 횡포에 약자와 소수자들을 보호하는 데에 두어야 한다."

"스승님은 정말 시대를 앞서간 개혁가이십니다."

그는 안정복, 정약용 같은 유명한 제자를 많이 키웠어. 그는 조선 후기 새로운 학문인 실학을 조선 학계에 단단히 뿌리 내리게 한 학자였지.

더 알아볼까요?

1. 조선 후기 등장하여 사회 개혁을 주장한 학문을 일컫는 말은? ....
2. 조선 후기에 한전제라는 토지 제도 개혁을 주장한 실학자는? ....

76 김홍도
조선 최고의 풍속화가

미술시간에 서양 미술을 봤는데 묘사를 너무 잘해서 사진인 줄 알았어요.

옛날에 어떻게 그런 그림을 그렸지?

옛날에는 그런 예술 작품들이 참 많았던 거 같아요.

아무래도 그때는 카메라가 없으니까 모든 걸 그려서 남겨야 했겠지.

화가들 덕분에 그 시절을 그림으로 볼 수 있는 거네요?

우리나라엔 그런 화가가 없어요?

물론 있지! 조선 시대 천재 화가!

천재 화가...?

바로 김홍도야!

조선 최고의 풍속화가 - 김홍도

김홍도 자신도 서민들의 모습을 그리고 싶었는데 정조의 명을 받고는 농민이나 천민 등 백성들의 삶의 현장을 찾아가 생생하게 그들의 모습을 화폭에 담았던 거야.

자네가 그린 그림 덕분에 백성들의 삶을 이렇게 가까이 보게 되었네.

단순한 저의 능력이 아닙니다. 백성을 생각하는 전하의 정책 덕분입니다.

김홍도가 그린 수많은 풍속화가 있었기에 조선 후기의 사람들의 생활 모습을 생생하게 알 수 있게 되었어.

그는 풍속화뿐 아니라 진경산수화, 인물화, 사군자, 불화, 기록화 등 모든 분야의 그림을 그려낸 조선 최고의 천재 화가라고 할 수 있어.

더 알아볼까요?

1. '서당도'라는 풍속화를 그린 조선 후기 화가는? ....
2. 조선 시대 화원들이 소속되어 그림을 그렸던 관청은? ....

① 정답 : 김홍도   ② 정답 : 도화서

박지원은 과거를 통한 출세보다 백성들의 실제 생활에 도움이 되는 공부를 하는 사람이었어. 그러던 중 청나라에 갈 기회가 생겼지.

내가 청 황제의 칠순잔치 사신단에 임명되었는데 지원아, 나와 같이 가서 큰나라를 보고 오는 것이 어떠냐?

고맙습니다, 형님. 청에 꼭 가보고 싶었습니다.

청나라 국경을 넘자마자 보이는 세상이 놀랍다! 벽돌로 지은 건물과 담장,

길에는 수레가 지나다니는 구나. 조선에도 수레가 있으면 훨씬 편리할 텐데.

우물엔 뚜껑과 도르레가 달려 있어 훨씬 깨끗하고 편리하게 물을 마실 수 있구나. 학문만 할 것이 아니라 이런 것들이 있어야 살기 좋은 나라가 되는 것이다.

조선의 선비들은 아직 명을 섬기는 생각에만 빠져 있었어. 선비들이 수레를 만드는 기술이나 움직이는 방법 따위는 관심이 없었지

백성들에게 도움이 된다면 오랑캐에게서도 배워야 한다.

『열하일기』를 쓰다 - 박지원

청을 여행하면서 본 자금성과 중국 최대 규모의 황실 정원인 피서산장 등 조선 사신단이 일할 동안 박지원은 새로운 문물을 구경하기 바빴지.

"내 평생 보지 못한 것들을 이곳에서 다 보는구나. 조선은 참으로 우물 안 개구리가 아닌가!"

당시 청나라는 서양과 교류가 많았기 때문에 문화적으로도 과학적으로도 조선에 비해 훨씬 앞서 있었지.

"우리 조선도 새로운 문물을 받아들일 수 있게 청을 여행하면서 느낀 것들을 글로 남겨야겠다."

"상업과 공업이 농업보다 훨씬 큰 이익을 줍니다. 수레와 잘 닦여진 도로가 있다면 훨씬 편리할 것입니다."

"오랑캐에게 물들었구만."

청에 다녀온 뒤로 박지원은 청의 문물을 들여와야 한다고 주장했어. 이를 북학 사상이라고 해. 그러나 명나라를 따라야 한다고만 하는 조선의 선비들에게 받아들여지기 힘든 주장이었지.

더 알아볼까요?

1. 청의 기술 문명을 배워야 한다고 주장한 사람들을 부르는 말은? ....
2. 청나라를 여행하고 와서 『열하일기』를 남긴 사람은? ....

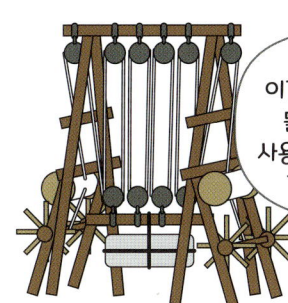

전하 이것은 무거운 돌을 들어 올리는 데 사용하는 거중기라는 기구이옵니다.

거중기 덕분에 4만 냥이나 되는 돈을 절약했구나.

그 외에도 왕이 한강을 쉽게 건널 수 있도록 배다리를 고안했어. 커다란 배 80여 척을 옆으로 나란히 세워 두고 그 위에 판자를 얹은 방식이었지.

배들이 물결을 따라 밀리는 것을 막고 서로 부딪치지 않게 해야 하지. 배와 배 사이의 간격, 판자의 너비와 두께 등을 치밀하게 계산해야지.

정약용이 만든 배다리 덕분에 한강을 건너 화성까지 가기가 수월해졌구나.

정약용은 백성을 사랑하는 마음뿐만 아니라 과학적 지식을 이용하여 실생활에 적용한 실학자의 정신을 가장 잘 실천한 학자라고 할 수 있지.

더 알아볼까요?

1. 목민심서, 경세유표 등의 책을 저술한 실학자는? ....
2. 수원 화성 건축에 거중기를 개발하여 적용한 사람은? ....

① 정답 : 정약용 ② 정답 : 정약용

시대를 앞서간 천재 - **정약용**

제주도 귀양살이를 끝내고 한양으로 돌아왔으나 다시 당쟁에 휘말려 함경도 북청으로 유배를 가게 되었어.

1년여 만에 귀양이 풀렸지만 다시 관직에 오르지 않고 이곳저곳 다니며 글을 쓰고 그림을 그리며 살아야겠다.

김정희는 조선 말 세도 정치라는 정치적 혼란기에 활동한 인물로, 서예, 그림, 비석 글씨 해석 등 다양한 분야에서 활동한 학자이자 예술가로 평가받고 있어.

그는 불교에도 관심이 깊어 잠시 봉은사에 기거하기도 하였는데, 그곳에서 경판전 현판 글씨인 판전을 써 주었어. 그리고 3일 후 71세의 나이로 세상을 떠났다고 해.

더 알아볼까요?

1. 북한산 순수비가 진흥왕 순수비임을 밝혀낸 학자는? ....
2. 추사체라는 독특한 서체로 유명한 서예가는? ....

① 정답 : 김정희 ② 정답 : 김정희

김정호는 정확한 지도를 만들기 위해 밤낮을 가리지 않고 노력했어. 여러 지도들을 종합적으로 정리하고 때때로 현장에 가서 확인하는 힘든 과정이 필요했어.

"우리나라 전국의 모습을 담은 첫 지도 '청구도'를 완성했네!"

"이런 지도를 만들다니 정말 놀랍구려!"

"아직 부족한 듯하군. 지도뿐만 아니라 강과 산의 위치, 집의 숫자와 논밭의 크기 등 각 지역에 대한 정보를 모은 지리지를 만들면 좋겠는데…"

"그럼 궁궐에 있는 지리지를 살펴보는 것은 어떤가?"

김정호는 신헌의 도움으로 다양한 자료와 지리지를 읽고 정보가 많지 않은 지역은 직접 다니며 새롭게 지리 정보를 마련해 갔어. 마침내 각 지역의 역사와 도로 그리고 군사에 대한 내용을 정리한 '동여도지'를 펼쳐냈지.

"'동여도지'를 바탕으로 우리나라 지도인 '동여도'를 만들었네. 십 리마다 점을 찍어 어느 지점에서나 거리를 알 수 있고 성과 창고를 기호로 나타내 누구나 쉽게 지도를 볼 수 있지."

● 더 알아볼까요?

1. 서울의 모습을 담은 '수선전도'를 만들어 목판으로 제작한 사람은? ················
2. '대동여지도'라는 전국 지도를 완성한 사람은? ································

① 김정호 : 답정 ② 김정호 : 답정

대동여지도를 완성하다 - 김정호

81 김만덕
의로운 부자

이때 김만덕이 어려움에 빠진 제주도 사람들을 위해 자신의 많은 재산을 내놓으며 굶주리는 사람들을 도왔어.

"모으는 것도 중요하지만 필요할 때는 아낌없이 써야 하는 법이죠."

"정말 고맙소!"

많은 사람들이 김만덕의 은혜를 칭송하고 소식을 들은 정조가 김만덕을 궁궐로 초대했어.

"자네에게 참 고맙네. 소원을 말해 보거라."

"금강산에 가서 일만 이천 봉을 구경할 수 있다면 여한이 없겠습니다."

당시엔 제주도의 여인이 바다를 건너는 것을 금지하고 여성은 궁궐에 출입하기가 쉽지 않았어. 그래서 정조는 특별히 김만덕을 여성의 벼슬 중 가장 높은 내의녀 중에 최고인 의녀반수를 내려 궁궐에 올 수 있도록 하고 그녀의 소원인 금강산에도 보내주었지.

"조선 시대 사회적 공헌이 큰 남성에게 벼슬을 내리는 것은 봤어도 여성에게 벼슬을 내리시는 건 처음이군."

"김만덕은 벼슬받을 만한 사람이지."

더 알아볼까요?

1. 정조가 의녀반수 벼슬을 내리고 궁궐로 초청한 여성은? ....
2. 제주도의 거상으로 자신의 재산을 풀어 굶주린 백성을 구제한 여성은? ....

① 정답 : 김만덕   ② 정답 : 김만덕

"정주성은 포위됐다! 나올 때까지 버틸 것이다!"

"성 밖을 관군이 포위하고 있으니 큰일이다. 먹을 것도 떨어지고 추위와 전염병이 퍼지고 있어 군사들의 사기가 떨어진다."

관군은 땅굴을 파 그 속에 화약을 넣고 터트려 성벽을 무너트렸어. 이로써 홍경래와 평안도 백성들이 일으킨 4개월간의 봉기는 끝이 나고 말았어.

"홍경래와 성안에 있던 3,000여 명의 봉기군을 모두 죽여라!"

"홍경래가 죽지 않았다는 소문이 있소."

"홍경래가 다시 나타나 우리 고을 관리들도 혼내주었으면 좋겠군."

이런 소문이 돌았던 것은 아마 세도정치 밑에서 고통 받던 백성들은 홍경래와 같은 인물이 또 나오길 바라는 바람이었겠지?

더 알아볼까요?

1. 왕의 외척들이 정권을 잡고 권력을 휘두른 정치 형태를 일컫는 말은? ....
2. 홍경래가 봉기를 일으키고 관군과 마지막까지 싸웠던 곳은? ....

정답 ① 세도정치 정답 ② 정주성

세도 정치에 맞서 깃발을 세우다 - 홍경래

83 전봉준
새로운 세상을 꿈꾼 녹두장군

전봉준이 살았던 시기 조선은 몹시 혼란스러웠어. 탐관오리들은 백성들을 수탈했고 그래서 세금을 못 내 도망하는 사람들도 많았어.

"안 그래도 살기 힘든데 엎친 데 덮친 격으로 서양 세력들이 밀려오고 청과 일본은 조선을 손아귀에 넣으려고 경쟁하니 전쟁날까 무섭소."

"내 말이 그말이오."

"에헴. 나는 고부 지역에 새로 부임한 조병갑이다. 내 아비를 위해 비석을 세워야 하니 세금 1천 냥을 바치거라!"

"그리고 너희가 와서 일을 하면 되겠구나."

"어떻게 세금을 1천 냥이나 낸단 말입니까? 우리에게 그런 노동을 시키면 농사는 누가 짓습니까?"

"시끄럽다! 내 말에 거역하는 자들은 전부 감옥에 가두겠다!"

부조리한 일들이 계속되자 따지러간 사람들은 옥에 갇히고 그 중 전봉준의 아버지는 매를 맞고 그만 죽고 말았지. 이 사건으로 전봉준은 천여 명의 농민과 함께 관아로 쳐들어가게 됐어.

"더 이상은 못 참는다! 농민들이여! 함께 저 탐관오리를 무찌르고 우리의 권리를 되찾자!"

새로운 세상을 꿈꾼 녹두장군 - 전봉준

그렇게 동학을 기반으로 한 농민군이 봉기하자 깜짝 놀란 임금은 청에 군대를 요청했어. 그런데 청의 군대가 도착하자 곧바로 일본도 군대를 보냈지.

봉기 진압을 위해 청나라와 일본까지 들어와 있소. 상황이 좋지 않으니 싸움을 멈추는 것이 어떻소?

그렇다면 탐관오리를 처벌하고 신분제 폐지, 토지를 균등하게 나눌 것을 약속해 주시지요.

언제까지 농민들의 반란을 그냥 두시렵니까! 일본군에게 도움을 받아서 반란을 잠재우세요!

예, 왕후마마.

동학농민군의 요구는 받아들여지지 않았고 봉기를 진압하러 온 청나라와 일본군의 간섭은 더 심해졌지. 그러다 청일전쟁이 일어나고 청일전쟁에서 승리한 일본이 조선을 장악하게 됐어.

농민들은 죽음을 무릅쓰고 싸웠지만 조선 관군과 일본 군대를 이기지 못하고 우금치 전투에서 막을 내렸지. 살고자 하는 마음으로 뭉친 농민들을 훌륭하게 이끈 전봉준은 현상금에 눈이 먼 부하의 밀고로 관군에 체포되어 처형됐어.

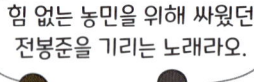

새야 새야 파랑새야 녹두밭에 앉지 마라, 녹두 꽃이 떨어지면 청포 장수 울고 간다.

힘 없는 농민을 위해 싸웠던 전봉준을 기리는 노래라오.

더 알아볼까요?

1. 조선 후기에 '사람이 곧 하늘'이라고 가르친 종교는? ....
2. 부패한 관리와 일본에 맞서 싸운 동학농민운동을 이끈 대표적인 지도자는? ....

"유교를 가르치고 훌륭한 유학자에게 제사를 지내던 서원이 부패해 유학을 가르치지 않고 제사 비용을 백성들에게 내게 하는구나."

"나라 재정을 어렵게 만드는 서원을 전국에 47개만 남기고 모두 없애거라!"

나라의 기강을 잡기 위해 큰 개혁들을 실시했지만 좋은 정책만 있던 것은 아니었어.

"추락한 왕실의 위엄을 살리기 위해 경복궁을 다시 지어야겠다. 허나 비용이 만만치 않군. 화폐를 더 찍어내 부족한 돈을 충당해야겠군."

"화폐를 계속 찍어내니 물가가 치솟고 있습니다. 게다가 백성을 강제로 동원해 궁궐을 지으니 원성이 자자합니다!"

"프랑스와 미국 등 서양 세력이 침략을 밥먹듯하니 그들과는 통상하지 않을 것이며 전국에 척화비를 세우라!"

흥선대원군의 쇄국정책은 신문물의 유입을 막아 조선의 근대화를 늦췄다는 평이 있어. 흥선대원군은 조선을 위해 여러 활동을 했지만 비난과 환영을 동시에 받는 정치가였다고 할 수 있지.

더 알아볼까요?

1. 살아있는 왕의 아버지를 일컫는 말은? ....
2. 흥선대원군이 외세의 침략을 경계하기 위해 전국 각지에 세운 비는? ....

① 정답: 대원군 ② 정답: 척화비

세도 정치를 끝낸 개혁가 - 흥선대원군

■ 역대 왕의 계보

고구려
기원전 37~기원후 668
『삼국사기』

1. 동명(성)왕
2. 유리왕
3. 대무신왕
4. 민중왕
5. 모본왕
6. 태조왕
7. 차대왕
8. 신대왕
9. 고국천왕
10. 산상왕
11. 동천왕
12. 중천왕
13. 서천왕
14. 봉상왕
15. 미천왕
16. 고국원왕
17. 소수림왕
18. 고국양왕
19. 광개토 대왕
20. 장수왕
21. 문자(명)왕
22. 안장왕
23. 안원왕
24. 양원왕
25. 평원왕
26. 영양왕
27. 영류왕
28. 보장왕

백제
기원전 18~기원후 660
『삼국사기』

1. 온조왕
2. 다루왕
3. 기루왕
4. 개루왕
5. 초고왕
6. 구수왕
7. 사반왕
8. 고이왕
9. 책계왕
10. 분서왕
11. 비류왕
12. 계왕
13. 근초고왕
14. 근구수왕
15. 침류왕
16. 진사왕
17. 아신왕
18. 전지왕
19. 구이신왕
20. 비유왕
21. 개로왕
22. 문주왕
23. 삼근왕
24. 동성왕
25. 무령왕
26. 성왕
27. 위덕왕
28. 혜왕
29. 법왕
30. 무왕
31. 의자왕

신라
기원전 57~기원후 935
『삼국사기』

1. 혁거세
2. 남해
3. 유리
4. 탈해
5. 파사
6. 지마
7. 일성
8. 아달라
9. 벌휴
10. 나해
11. 조분
12. 첨해
13. 미추
14. 유례
15. 기림
16. 흘해
17. 내물
18. 실성
19. 눌지
20. 자비
21. 소지
22. 지증왕
23. 법흥왕
24. 진흥왕
25. 진지왕
26. 진평왕
27. 선덕 여왕
28. 진덕 여왕
29. 무열왕
30. 문무왕
31. 신문왕

32 효소왕	10 선왕	29 충목왕
33 성덕왕	11 왕(이진)	30 충정왕
34 효성왕	12 왕(건황)	31 공민왕
35 경덕왕	13 현석	32 우왕
36 혜공왕	14 위해	33 창왕
37 선덕왕	15 인선	34 공양왕
38 원성왕		
39 소성왕		
40 애장왕	**고려**	**조선**
41 헌덕왕	475년, 918~1392	519년, 1392~1910
42 흥덕왕		
43 희강왕	1 태조	1 태조
44 민애왕	2 혜종	2 정종
45 신무왕	3 정종	3 태종
46 문성왕	4 광종	4 세종
47 헌안왕	5 경종	5 문종
48 경문왕	6 성종	6 단종
49 헌강왕	7 목종	7 세조
50 정강왕	8 현종	8 예종
51 진성 여왕	9 덕종	9 성종
52 효공왕	10 정종	10 연산군
53 신덕왕	11 문종	11 중종
54 경명왕	12 순종	12 인종
55 경애왕	13 선종	13 명종
56 경순왕	14 헌종	14 선조
	15 숙종	15 광해군
발해	16 예종	16 인조
229년, 698~926	17 인종	17 효종
	18 의종	18 현종
1 고왕	19 명종	19 숙종
2 무왕	20 신종	20 경종
3 문왕	21 희종	21 영조
4 폐왕원의	22 강종	22 정조
5 성왕	23 고종	23 순조
6 강왕	24 원종	24 헌종
7 정왕	25 충렬왕	25 철종
8 희왕	26 충선왕	26 고종
9 간왕	27 충숙왕	27 순종
	28 충혜왕	

바로 알고, 바로 쓰는

빵빵한 어린이 한국위인 1
전근대편